Norbert ZERAH

La psychothérapie EMDR et ses applications

Norbert ZERAH

La psychothérapie EMDR et ses applications

Angoisse, phobie, dépression, deuil…

Éditions Vie

Imprint
Any brand names and product names mentioned in this book are subject to trademark, brand or patent protection and are trademarks or registered trademarks of their respective holders. The use of brand names, product names, common names, trade names, product descriptions etc. even without a particular marking in this work is in no way to be construed to mean that such names may be regarded as unrestricted in respect of trademark and brand protection legislation and could thus be used by anyone.

Cover image: www.ingimage.com

Publisher:
Éditions Vie
is a trademark of
Dodo Books Indian Ocean Ltd., member of the OmniScriptum S.R.L Publishing group
str. A.Russo 15, of. 61, Chisinau-2068, Republic of Moldova Europe
Printed at: see last page
ISBN: 978-613-9-59002-5

Norbert ZERAH

Psychothérapie EMDR et ses applications

Angoisse, phobie, addictions, abus sexuels, dépression, deuil, burn-out...

Remerciements

Je voudrais exprimer ma reconnaissance envers mes patients de m'avoir accordé leur confiance pour ce travail d'élaboration et de compréhension des problématiques visées.

Un grand merci à ma collaboratrice Malha Achab pour son aide précieuse, le dévouement et le remarquable travail.

Table des matières

1

L'angoisse

Un malaise si profond

Comment définir l'angoisse qui nous arrache soudain à la paix, au calme et à la sécurité? Voici la définition qu'en donne le Larousse : « *grande inquiétude, anxiété profonde née du sentiment d'une menace imminente mais vague* ».

Il faut bien convenir que les patients, lors d'une consultation, expriment avec les mots qui leur sont propres, cette profonde inquiétude. De quoi, d'où vient cette peur subite, ce danger qui ne montre pas son visage, ce sentiment de crainte qui se traduit par de nombreuses projections de catastrophes sur soi ou les autres ? Quelle que soit la méthode employée, il s'avère difficile pour un thérapeute de trouver l'origine de l'angoisse chez un patient. Celui-ci vient consulter, dit qu'il ne se sent pas bien, présente les symptômes cliniques de l'angoisse, mais en ignore la cause. Pour lui, seule importe la disparition de ses manifestations désagréables qui empoisonnent son existence. L'angoisse n'a rien à voir avec l'anxiété, qui, elle, peut se prévaloir d'avoir un objet identifiable, repérable après quelques investigations sur la vie du patient.

A cet égard, *« dites-moi ce qui vous préoccupe actuellement? »* reste la question la plus efficace pour obtenir des réponses sur la nature et l'ampleur de l'anxiété. Il en va tout autrement pour découvrir l'origine de l'angoisse, qui échappe à l'analyse. Cette angoisse représente un signal de "quelque chose" de bien plus profond et il n'est pas facile d'y accéder car ce "quelque chose" se dérobe sans cesse à la compréhension du patient lui-même. Pourquoi? Parce qu'il repousse indéfiniment son dévoilement dans les profondeurs de sa psyché. Quand le patient risque d'en entrevoir la vérité parfois insoutenable, il la refuse alors, pour la refouler sans tarder. Le "problème" sous-jacent à l'angoisse devient dès lors un irrésolu, un indépassable, parce que impossible à affronter.

Pour le thérapeute, la découverte du problème ou du conflit qui habite le patient sous la forme de son angoisse serait-elle suffisante pour se dégager de sa pathologie, ses symptômes ? Oui, à condition, pour le patient d'aller dans le sens d'une résolution de ce qui pose problème. Cependant, la résolution représente un tel coût psychologique par les actions à mettre en place que le patient ne s'y résout pas. Si on ne connait pas l'origine de l'angoisse, inscrite dans un passé trop lointain, dans des mémoires de naissance (le livre de Sylvie Prager Séchaud) certain(e)s patient(e)s arrivent toutefois à identifier les conditions de son apparition.

Par exemple: « *mon angoisse survient à la suite de mon repas, lorsque je suis en présence de quelqu'un. Ce qui explique pourquoi je mange seule, jamais à la cantine ou au restaurant.* »

Notre première hypothèse étant la possibilité d'ennuis gastriques en présence d'un public risquerait d'entraîner pour elle la plus grande honte, mais inscrite dans un lointain passé, de quelle situation honteuse s'agit-il ? Si nous laissons de côté l'analyse des causes organiques, nous assistons à une angoisse systématisée autour d'une situation précise, déterminée, ce moment crucial de "L'après le repas". Cette angoisse est le produit d'une pensée en arborescence permanente que l'on pourrait présenter ainsi : « *Si j'ai quelques ennuis avec mon estomac, je vais devoir me lever et trouver une excuse pour partir. Mais quelle excuse ? Rien ne justifie mon départ un dimanche après-midi. J'inventerai un mensonge, à condition qu'il tienne la route... un rendez-vous ? Chacun se doute que je n'ai personne, que je sors très peu de chez moi. On me demandera pourquoi je pars aussi vie et on va interpréter mon départ comme un refus de partager un moment de convivialité familiale...* » ;. Progressivement, le sujet anticipe, convoque lui-même l'angoisse à laquelle pourtant il souhaite échapper. Ce n'est donc pas une angoisse qui surgit de manière inopinée, sans prévenir, mais apparait en lien avec un contexte donné. Il faut donc que certaines conditions soient réunies, la fin du repas en présence d'une ou de plusieurs personnes pour qu'elle se développe. Manger chez soi permet à la patiente d'éviter à tout prix une montée irrépressible d'angoisse.

Autre mode d'apparition de l'angoisse que nous souhaitons analyser maintenant : Un humoriste, vivant dans son pays d'origine, alors en début de carrière avec un succès prometteur est victime de menaces de mort, à cause des messages politiques et critiques qu'il fait passer lors de son spectacle. Deux émotions opposées, la peur et la joie deviennent liées, indissociables. Le lien entre ces deux émotions aussi opposées est d'une importance capitale pour comprendre notre propos et ce qui va suivre. Le sujet vit constamment avec l'une et l'autre, grâce à sa capacité d'adaptation ainsi qu'à sa flexibilité émotionnelle. À chaque spectacle, il utilise un mécanisme de refoulement, qui repousse la peur dans son inconscient. Bien plus encore, celle-ci est rendue inopérante dès lors que l'humoriste quitte son pays et s'éloigne géographiquement de son pays, se met à l'abri de la menace de mort. Au terme de quelques années, le succès revient, comme à ses débuts, dans son pays d'origine. Un soir, à la fin du spectacle, une puissante ovation du public salue sa prestation.

Que se produit-il ? Une soudaine et puissante douleur au plexus solaire vient marquer le retour d'une angoisse, celle que l'humoriste ressentait lorsqu'il quittait le théâtre de ses premiers succès. Période de peur intense qui coïncidait avec l'ivresse de la réussite. A nouveau, et comme jadis, la peur inconsciente, la menace de mort refait surface en même temps que la célébrité. Moment clé où se conjuguent chez le sujet ce qui représente un danger imminent associé à la réussite, la pulsion de vie. L'angoisse dans ses symptômes, manifestations physiques (douleur au plexus solaire, palpitations, sudation, difficulté à marcher) traduit à nouveau la peur, une menace de mort dont le sujet va porter le poids, sans faire immédiatement le lien avec son passé.

Dans ce cas précis, la psychothérapie s'attachera à défaire le lien existant, de manière pathologique, entre ces deux émotions. Car, nous l'avons vu, le succès retrouvé a fait surgir la menace de mort ancienne. Les deux émotions ont pris naissance ensemble.

La psychothérapie EMDR s'est attachée à faire prendre conscience au patient du processus d'apparition et du développement de son angoisse et de travailler sur la guérison de sa peur.

Témoignage de Rachel, journaliste trente et un ans

« *Ma première crise d'angoisse, quand j'étais étudiante : je suis seule, dans ma chambre et j'ai des images...la peur de m'étouffer en mangeant et puis la gorge nouée, des sensations de vertiges, des difficultés respiratoires. Aussi, un sentiment de vide dans cette chambre, terrible, étouffant* ».

La crise d'angoisse

Derrière la crise d'angoisse se cache la présence d'une menace, nous l'avons dit. Terrible et inquiétante, liée à autre chose qu'elle-même. Il ne faut pas s'y tromper, elle est le résultat toujours aussi riche de quelques autres objets d'anxiété ; de quelques situations stressantes et pénibles dont le patient a oublié jusqu'à l'existence.

Aujourd'hui, de cette angoisse profonde, un petit "rien" la fait surgir, imprévisible et redoutable. Elle ne tombe pas toute seule sans prévenir, un lourd passé la précède. La crise d'angoisse a une histoire propre, constituée à l'origine par une peur, la PEUR initiale qui vient déposer ses premières informations émotionnelles dans les cellules du cerveau. Se forme alors une première inscription traumatique, comme pour ainsi dire un réceptacle capable de recevoir, et le lieu est déjà trouvé, l'ensemble des peurs à venir. Ces peurs sangloteront, se succédant tout au long de l'enfance, l'adolescence, la vie adulte. Dès lors, la crise d'angoisse ressort chez le patient, avec tous les symptômes que celui-ci connaît bien: palpitations, sueurs froides, pleurs, boule qui part du ventre à la gorge...etc. Il s'agit d'analyser et de comprendre ce processus enchaînant le patient à ces retours de crise d'angoisse dont il n'arrive pas à se défaire, sauf à en calmer ou anticiper l'apparition par des tranquillisants.

Le cas Chloé

Âgée de vingt-trois ans et finissant de brillantes études supérieures de commerce, elle a une jeune sœur, un petit ami, d'excellentes relations avec ses parents dont elle rappelle avec plaisir qu'ils sont très heureux et qu'il forme un couple uni. Une enfance et jeunesse dorées sur les bords de la Méditerranée.

A première vue, rien d'anormal. Notre patiente venue consulter en EMDR, souffre de crises d'angoisses dont elle souhaite se débarrasser. Le premier entretien nous conduit à faire le point et à établir la liste de quelques situations qui provoquent en elle un grand malaise : la peur du silence, de la solitude, du vide et de l'obscurité. Des situations difficiles à maîtriser et dont elle ne comprend pas l'impact sur la montée d'angoisse.

Pour le thérapeute EMDR, il s'agit alors de repérer, voire "d'attraper" la première peur. Nous constatons que cette peur fait l'objet de cauchemars récurrents autour de l'eau, les profondeurs obscures des fonds marins, la noyade, la mort.

Thérapeute: *En dehors des cauchemars, quel a été donc votre premier contact avec l'eau ?*
Patiente: *sur le bateau de mon père, toute petite, j'étais couchée sous une couverture, à l'avant...*
Thérapeute: *pourquoi couchée sous une couverture, vous aviez froid ?*
Patiente: *non j'avais peur des bruits que faisait l'eau sur la coque du bateau. J'étais terrorisée, je ne voulais pas regarder le fond de la mer.*

Tout l'intérêt de cet échange est de montrer le souvenir source de l'expérience maritime, expliquant les cauchemars mais aussi et surtout l'émotion de frayeur, la vision du fond de la mer, déjà enracinée à la base du terrifiant. C'est ici ce qu'on pourrait appeler la première menace, inscrite au fond d'elle, dans la mémoire. Le bruit de l'eau sur la coque représente le danger d'être avalée par les profondeurs abyssales, cet immense gouffre. Il est facile de faire le lien entre cette expérience émotionnelle traumatique et ses angoisses d'aujourd'hui. Il convient de retraiter, par les mouvements oculaires, le souvenir source que représente la séquence du bateau, en lien avec la peur de la mort imminente.

Le cas Zoé
A vingt-neuf ans, la patiente installée en profession libérale vient en consultation pour prévenir une situation d'angoisse qu'elle redoute. En effet, lors de son dernier voyage touristique à Montréal, elle a vécu dans sa chambre les affres de l'angoisse. Se rendant bientôt à Londres, en congés, elle craint de retrouver les mêmes symptômes (suffocations, sensation d'étouffement, palpitations...etc.). Elle constate que l'angoisse est moins présente quand elle se trouve, dans son quotidien à Paris. Elle remarque aussi que ces angoisses surviennent quand elle se trouve dans des lieux de vacances.

Nous recherchons le souvenir qui a précédé la première crise, car dans son passé, rien n'indique la présence de traumatisme particulier.
En résumé: Alors qu'elle profite de ses vacances dans le sud de la France, sur la plage, sous un soleil brûlant, elle reçoit un appel téléphonique. C'est son père qui lui fait part de la confusion psychologique dans laquelle se trouve son fils, en l'occurrence le frère de la patiente.
Que se passe-t-il soudain ? La patiente prend peur car elle construit immédiatement une similarité entre ce qui arrive à son frère avec un trouble psychique (dépression, psychose maniaco-dépressive) dont le père a souffert quelques années auparavant. La peur est accentuée par le fait qu'elle redoute et craint aussi de partager avec son père et son frère cette maladie mentale. Dès la conversation au

téléphone terminée, elle ressent alors un grand trouble psychique et physique provoquant en elle tremblements, palpitations, vertiges. La crise d'angoisse a pris naissance ici.

Le protocole standard EMDR est mis en place afin de retraiter l'événement traumatisant qui s'est produit sur la plage. Pendant la séance, peu d'images, de cognitions, d'émotions, ni de sensations corporelles. Curieusement, les effets relatifs au retraitement du souvenir se feront de manière décalée. C'est à dire le soir même de la séance du matin. Comment comprendre que le processus thérapeutique ait été bloqué, mécanismes de défense ? Peut-être. Il s'avère, en tous cas que la patiente va réactiver en elle les symptômes de la crise d'angoisse, identiques à ceux ressentis sur la plage, après le coup de téléphone du père, ensuite plus rien. Elle semble toutefois rassurée et apaisée après un échange téléphonique avec nous même, sur cet étrange phénomène, apparu quelques heures après notre séance.

Tentons de comprendre précisément l'origine de cette crise d'angoisse. Traumatisée par cette expérience pénible sur la plage, chaque période de vacances est identifiée par la patiente, au surgissement d'une catastrophe. Il y a toujours une peur au cœur de la crise d'angoisse. Pour le voyage prévu à Londres, la peur est anticipée *« J'ai peur d'y aller, car quelque chose va arriver »* nous dit-elle. Il faut noter, après avoir récolté plus d'informations que les troubles psychiques du père et du fils n'ont rien à voir entre eux. La patiente a construit à tort, une similarité qui n'existe pas, mais son anxiété naturelle les a associés, la jetant dans la plus grande inquiétude.

Comment expliquer le fait que la patiente n'ait rien ressenti pendant la séance EMDR ? C'est que, en ciblant la séquence de la plage, nous avons provoqué chez elle, une appréhension de la perturbation, celle de renouer avec la peur. Son anxiété l'a conduite à se protéger par la mise en place de mécanismes de défense, s'interdisant ainsi de revivre la perturbation. Mais les mouvements oculaires ont produit leurs effets, malgré le barrage de la patiente. Ce qui donne une information capitale à retenir pour le thérapeute: ne pas se décourager quand rien ne vient chez le patient et continuer à pratiquer les stimulations bilatérales. Pendant la séance, la patiente s'est dissociée, et, de retour chez elle, relâchée, la désensibilisation de l'expérience traumatique s'effectue. Deux jours plus tard, la patiente part pour Londres où elle n'a ressenti aucune crise d'angoisse, disparue grâce à la thérapie de l'EMDR.

Conclusion: s'appliquer à trouver la menace qui pèse sur le patient qui subit une crise d'angoisse est d'une extrême importance afin d'obtenir de bons résultats thérapeutiques.

Derrière le trauma, une angoisse de l'attente

Comment comprendre l'angoisse qui saisit un sujet donné dans une attente perçue comme illimitée ? Voilà bien une question qui mérite toute notre attention dans la mesure où elle concerne de nombreux patients. Ceux-ci, obsédés par un écoulement du temps qui serait hors de toute buttée, de proximité, de contrôle. Chaque événement, s'il n'est pas investi par le sujet, semble être une torture : *« Quand tout cela va-t-il finir ? »* se dit-il. Chaque attente vécue comme un drame, une douleur, une angoisse insupportable. A l'inverse, rêveries et contemplation n'appartiennent pas au registre mental de ces sujets. Quelle est donc la source psycho-pathologique de tels êtres qui refusent tous "temps morts " dans leur vie quotidienne?

Nous nous proposons de traiter ces questions à partir d'un cas clinique rencontré dans le cadre d'une psychothérapie EMDR.

Le cas de Julie

La patiente, âgée de trente ans, souffre de crises d'angoisses qui surviennent à l'approche ou après des repas partagés avec d'autres personnes. Entre quatorze et dix-huit ans, la patiente était obligée d'attendre, impuissante, la fin interminable des repas pris avec sa belle-mère et sa petite demi-sœur. L'angoisse phobique se développe, liée à la prise du dîner.

A la question : *« Avant l'âge de quatorze ans, cette angoisse était-elle déjà présente ? »*

Voici la réponse de la patiente: *« Il y avait une attente avant, mais elle n'était pas oppressive. Nos heures de repas n'étaient pas encore calées sur celle de C..... Elle mangeait d'abord et une fois qu'elle était dans son parc ou sur le canapé, nous pouvions manger.*

A partir du moment où elle a pu se mettre à table, les heures des repas ont été avancées (à 11h30 et 18h30) et ont pris beaucoup plus de temps. Ma belle-mère faisait manger C.... (Qui comme tout enfant prenait son temps!), puis mangeait et accompagnait l'enfant à terminer son assiette .... »

Que se passe-t-il alors ? La patiente se voit interdire de quitter la table avant la fin de ce rituel. L'angoisse naît là, dans cette attente, conditionnée par une injonction à rester assise, jusqu'à ce que les acteurs finissent les assiettes. C'est douloureusement lent et il faut imaginer ce que cela représente pour une adolescente entre quatorze et dix-huit ans. La belle-mère impose une loi intangible.

Pour la jeune fille, un commandement impossible à refuser sous peine de réflexions, de réprimandes, sanctions ou de rapports auprès du père aimé.

Cette attente, devenue de plus en plus pénible, intolérable, au fil des épreuves quotidiennes s'associe à la hantise d'un "temps mort" créateur d'anxiété et d'angoisse. En effet, toute perspective d'une table dressée, d'un repas familial ou convivial, signifie alors, pour la patiente, l'émergence d'une immobilité forcée, d'une paralysie du corps, de symptômes somatiques (boule au ventre, envie de vomir, fourmillements dans les membres) d'un silence mortifère, d'une souffrance muette. Et plus encore, au niveau social, tant redouté, la fin du repas qui s'éternise, car il faut rester, se maintenir à table, par politesse, et ne pas éveiller l'attention. Attendre avec impatience un signal de la maîtresse de maison pour se lever enfin. Mais le plus souvent, cette situation est rare, dans la mesure où le sujet décline toutes invitations qui la mettraient en danger. Les conséquences pathologiques ne s'arrêtent pas à l'angoisse produite autour de la prise de repas : Conduites d'évitement à partager un repas avec un groupe, d'où la nécessité d'habiter près de son travail.

- Crainte de manger en public, à condition de pouvoir plutôt "picorer" (type apéritif)
- Boule au ventre lors d'évocation de repas.
- Montée d'angoisse surgissant à l'occasion de situations nécessitant d'attendre (salles d'attente, spectacles, etc.)

La psychothérapie EMDR a soulagé la patiente de ses symptômes, de ses troubles anxieux en relation avec le passé. Comme, nous l'avons indiqué, ce traumatisme presque silencieux, a des répercussions et vont toucher la vie quotidienne. Celles-ci vont bien au-delà du trauma, dans la crainte, la peur des temps morts menaçants, car ils rappellent immédiatement la situation traumatique d'origine, vécue pendant près de quatre années par la patiente. Attente abyssale, interminable des situations lourdes et pénibles du passé qui annoncent la phobie des temps morts.

Voici un exemple caractéristique de cette phobie : quand elle se retrouve dans une file d'attente pour accéder à une salle de cinéma, elle prend toujours le risque d'un temps mort angoissant la conduisant à s'en échapper, prendre la fuite et rentrer chez elle. Afin de ne pas y être à tout moment confrontée, la patiente va élaborer un dispositif de lutte contre leur possible apparition que la séance EMDR révélera de manière significative :

- Dès que sortie de l'activité professionnelle, organiser un emploi du temps serré pour ne pas avoir à subir de temps morts. Lors de l'heure du déjeuner, se rendre à pied à son domicile, donner à manger aux chats, allumer la télévision, préparer son repas, manger, faire un peu de vaisselle, regarder un peu la télévision, repartir au travail.

- Au cours d'un voyage en train, la plus grande difficulté à se passer d'un casque afin de visionner des films sur écran ou écouter de la musique.
- Stock de corvées ménagères afin de ne pas se trouver en panne d'activité à la maison.
- Le soir, se tenir éveillée le plus longtemps dans l'idée de "tomber" rapidement de sommeil.

On doit noter que le "ne rien faire" n'a pas sa place dans sa vie. On a affaire aussi à une véritable obsession du "remplissage" pour ne pas se retrouver en panne, l'horreur absolue. La patiente nous le rappelle justement: *« Toujours avoir plein d'occupations en voyages (plusieurs livres, des jeux vidéo, un lecteur mp3 avec plus d'heures de musique que de voyage) au cas où. Une quantité phénoménale de jeux vidéo à jouer. J'en ai environ 250 achetés et en attente que j'y touche un jour. De manière générale, j'ai beaucoup d'œuvres en attente : films, série tv, livres. Faire des tâches administratives ».*

Aucun temps de repos de l'esprit, de laisser sa pensée ou son imagination voguer là où bon lui semble. Point de rêveries, d'évasion, d'errances. Le fait d'attendre sans perspective, sans but ni visée, aboutit immanquablement à l'angoisse.

Mais la crainte angoissante des temps morts ne s'arrête pas à elle-même. En effet, elle projette sa propre anxiété sur son animal de compagnie : Le chat. Faisant le constat que l'animal risque de vivre, comme elle, l'expérience de l'attente insupportable, par son isolement dans l'appartement, elle se sent obligée d'y remédier en lui adjoignant un compagnon. Elle acquiert donc un second chat venant "meubler" la solitude du premier.

Ce cas présenté ici montre que l'EMDR, dans sa démarche, peut parfois s'attacher non pas au souvenir et au traitement d'un traumatisme déclaré, mais à son omission. La patiente, en début de thérapie, n'a pas conscience que ce qui a fait trauma appartient au registre du non-être. Attendre en silence que le rituel du repas s'achève. Quel traitement pour ce type de pathologie ?

Après les séances EMDR qui ont ciblé l'essentiel des situations traumatiques en lien avec les prises de repas, il nous restait à sortir de la crainte pathologique des " temps morts" (vocabulaire souvent employé par la patiente). La thérapie comportementale et cognitive fournit une aide précieuse, un outil très efficace et adapté quant aux solutions de dégagement de l'obsession temporelle, à la levée des symptômes décrits plus haut : la mise en situation par une exposition courte puis prolongée de ce qui pose problème pour la patiente. A titre d'exemple d'exercice, nous lui avons demandé, à l'occasion d'un voyage en train, de se passer un temps de son casque afin de se laisser aller à regarder simplement les paysages défilant sous ses yeux. L'idée étant de gérer au mieux et progressivement les émotions négatives liées à une perception soudaine des temps morts.

La répétition de l'exposition à la rêverie, à la contemplation reste, selon nous, le meilleur moyen de réapprendre à vivre sans crainte de durée temporelle menaçante. A la suite de ce dispositif de prise en charge thérapeutique, les dernières séances font état d'une avancée réelle dans le processus de guérison. Il convient d'ajouter que la motivation de la patiente à pratiquer les exercices recommandés y est pour beaucoup.

2

Les phobies

Phobie d'impulsion: un traitement EMDR

Une envie de tuer, se faire du mal à soi-même, à son bébé, à ses proches, transgresser un interdit, peur de devenir folle...etc. Autant de phobies d'impulsion qui hantent le quotidien de certain(e)s patient(e)s. Bien que nous soyons tous habités par diverses peurs (l'ascenseur, le vide, la foule, la mer, les guêpes etc.) Les phobies dont nous souhaitons parler sont d'une autre nature. Que désignent-elles exactement ? C'est une idée obsédante, parce qu'elle s'impose au sujet de manière inopinée, contraignante, absurde. Malgré tous les efforts entrepris pour la chasser, celle-ci résiste pour se faire plus difficile à maîtriser et donc plus angoissante. Ces mêmes phobies apparaissent paradoxalement énormes et monstrueuses aux yeux du patient. Il ne comprend pas ce qui le mobilise soudain vers des envies irrépressibles qu'il contrôle avec peine et effort.

Des pulsions de violences comme l'exprime explicitement ce texto envoyé, dans l'urgence, par une personne en crise, soumise à ces phobies d'impulsions: « *Ce matin, j'ai eu une mauvaise pensée en emmenant mon fils en poussette chez la nounou. Je me suis dit: et si j'emmenais un couteau ou autre objet dangereux pour faire du mal à un passant...ça m'a angoissée et forcément peu de temps après sirènes de secours...horrible, donc j'ai peur d'en être la cause et d'avoir fait du mal au passant que j'ai croisé.* »

Ici nous constatons non seulement une peur de faire du mal à quelqu'un, mais une peur de l'avoir fait en détournant la réalité des sirènes de secours à son propre compte, donnant du crédit à ce qu'elle pense avoir accompli, un coup de couteau à un passant. La patiente se raconte des histoires auxquelles elle finit par croire. L'angoisse d'une culpabilité qui la dépasse, en lien avec des évènements extérieurs. La peur comme émotion se précise et prend corps, appui, voire se justifie sur l'écoute concrète du son des sirènes. Cet exemple nous montre de quelle façon se développe une croyance irrationnelle associant une émotion négative (la peur de faire du mal) avec un fait matériel résonnant comme une conséquence (dans l'évocation de son histoire, les mots « forcément », puis « donc » ont font état). Il apparaît chez la patiente le développement d'une logique implacable qui la conduit d'un non-événement (la phobie de perpétrer une agression) transformée en événement réel et culpabilisant dont il s'agit, pour lui, au plus vite de vérifier la validité.

Ce nouveau message transmis par notre sujet en démontre l'articulation : « *J'étais passagère et mon papa conduisait... J'ai eu la pensée rue de la République d'ouvrir ma portière pendant qu'on roulait et volontairement de faire tomber un piéton ou un cycliste. Ce genre de pensées m'arrivent souvent et m'angoissent. En arrivant chez mon médecin, j'entends les pompiers, toutes les sirènes hurlantes, circuler rue de la République... Encore en ouvrant ma portière sur un passant...» J'en parle ensuite à mon médecin qui me dit « non, non, ne vous inquiétez pas, vous n'y êtes pour rien ».*

Cet apaisement adressé par son médecin ne la calme pas. Bien au contraire, l'inquiétude demeure et elle va chercher d'autres assurances: *« En rentrant chez moi, c'était plus fort que moi, j'ai appelé le commissariat de police pour me rassurer et savoir s'il n'y avait pas eu d'accident. Cela m'arrive souvent de les appeler et cela me soulage toujours sauf que cette fois, ça été complètement mais complètement différent. Je tombe sur une policière bien aimable. Je lui explique mes angoisses et là elle me dit « ah, c'est vous qui avez fauché le cycliste ce matin rue de la République? » Grosse frayeur pour moi car tout se confirmait. Je lui ai dit que je ne pensais pas mais que j'appellerai pour être rassurée car j'avais peur de faire de telles choses.... elle m'a dit « ne vous inquiétez pas, le cycliste n'a rien...Sauf que maintenant, je n'arrive pas à passer au-dessus de cette histoire qui m'a complètement chamboulée... en effet, tout coïncide, le lieu, l'horaire j'ai bien eu des pensées de faire du mal et il y a bien eu un accident avec délit de fuite »*

On peut noter ici que la patiente va au bout de sa logique de persuasion. Pourtant, bien que rassurée par la policière, dans son esprit, il reste tout à fait probable que ce soit elle qui ait commis l'accident du cycliste. La seule pensée de son acte, la peur de faire du mal, s'accroche à tout prix, se matérialise, dans le fait de l'accident lui-même. Elle s'attribue la responsabilité de la catastrophe, et l'imagine parfois, avec cet autre exemple:

« Tout à l'heure, j'avais un rendez-vous à l'hôpital pour ma grossesse et dans l'ascenseur je me suis retrouvée avec une auxiliaire puéricultrice et un tout petit bébé nourrisson dans un petit lit! Et ç'était l'horreur! Mauvaise pensée et si je me mettais à empêcher l'enfant de respirer, lui mettre sa main sur son nez ou le faire tomber par terre... C'est horrible de penser à ce genre de choses!!! Et maintenant, je doute de l'avoir fait, je me dis "Elise, si tu as fait ça, ce serait vraiment affreux" et je n'arrive plus à me souvenir si je l'ai fait ou non!!! Ce serait vraiment atroce d'avoir provoqué la mort d'un petit bébé!!! »

On voit encore que la part de l'imagination devient essentielle dans le processus de la pensée phobique. La force de l'impulsion à agir conduit au doute du passage à l'acte (*peut-être l'ai-je fait ?*) et à l'angoisse de l'irréparable. Il s'agit de faire comprendre à la patiente que les deux moments n'ont rien à voir, l'un avec l'autre afin de limiter l'augmentation de la culpabilité et de la responsabilité. Une grande colère intérieure semble traverser le sujet en proie à cette phobie. D'où vient-elle ? Comment cette émotion, dont les ressorts secrets échappent à une première investigation du thérapeute, se traduit-elle en idée obsédante ? Voilà bien une question qui interpelle, car il ne fait aucun doute que le patient cache une irritation, une agressivité, un désir de meurtre non apaisés. Colère contre qui, contre quoi? Pensée obsédante d'un passage à l'acte jugé ô combien désirable!

Ce symptôme décrit si bien par une patiente à travers un e-mail qu'elle nous a envoyé en pleine crise: *« En ce moment, c'est difficile, car j'ai une pensée persistante qui m'angoisse énormément. A savoir, mettre un coup de couteau volontairement à quelqu'un par exemple, un réparateur qui vient chez moi cet après- midi. J'ai l'impression que je veux me prouver que je suis capable de passer à l'acte. »*

Pour l'heure, et au regard de nombreux cas rencontrés en psychothérapie, nous retenons trois origines possibles à cette peur irraisonnée de se rendre coupable d'une agression sur autrui, à faire un mal irréparable. Une colère réprimée/ masquée ? Dans le passé, quel est le besoin non satisfait engrangeant un tel sentiment de colère ? L'énergie de cette colère non dégagée, exprimée, se retournerait alors dangereusement contre soi-même ou les autres. La phobie d'impulsion tirerait alors son origine et sa force dans cette retenue affective et comportementale de soi. Au regard de cette hypothèse, le travail de psychothérapie EMDR doit s'attacher à identifier, puis à traiter les situations dans lesquelles le patient s'est trouvé dans cette impossibilité d'agir, de marquer son refus ou d'exprimer ses besoins.

L'identification à un agresseur

Autre origine de la phobie d'impulsion, celle-ci prendrait sa source dans une identification à l'agresseur. Par exemple, dans le cas d'une agression ou d'un viol, la victime incorpore les traits agressifs, pervers de l'agresseur, partie qu'elle fait sienne dans sa phobie d'impulsion. A son tour, la victime souhaite de manière obsédante administrer aux autres le mal reçu. Le patient souffre ici de dissociation structurelle dont une partie vit les affres de l'obsession impulsive. Pour cette partie du sujet dissocié, tenir ou observer un couteau, active des pensées morbides en lien avec ce vécu traumatique de l'agression physique ou sexuelle subie. Il faut prendre la mesure que le sujet n'est pas toujours conscient de cette dissociation, même si à certains moments et selon les contextes, il se sent, en quelque sorte, "possédé" par un double de lui-même qui lui échappe totalement. Là aussi, la pratique de l'EMDR aide la patiente à intégrer ou dialoguer avec cette partie d'elle-même qui ne cesse de la jeter dans le désarroi et l'angoisse la plus profonde.

Il convient de faire entrer dans le cadre des phobies celles des mémoires transgénérationnelles, appel à autre problématique; à ce type de mémoires du passé dont la force, par-delà les générations contribuent à favoriser des processus de répétition négatifs. Le sujet se trouve porteur d'une violence dont il a hérité et qui n'est pas la sienne. Il se demande sans comprendre : « *D'où me viennent ces idées suicidaires*? » Le thérapeute EMDR s'attelle à chercher, avec l'aide d'un génogramme, ces mémoires qui hantent, de manière inconsciente, la psyché du patient. Travail long et laborieux permettant de repérer chez celui-ci des traumas transgénérationnels toujours à l'œuvre dans sa vie.

La phobie impulsive touche à d'autres registres dont le plus surprenant fait dire au patient en consultation : « *Quelle est donc cette envie et aussi cette peur dont je suis habité, et qui m'invite brusquement à un acte irrévérencieux, injurieux, blasphématoire* ? ».
Pensée et désir de transgression auxquels il faut accorder la même attention pour en guérir un sujet souvent honteux de telles idées. De ces ruminations se dégage une peur fondamentale, celle de devenir fou ou folle. Car seule cette pathologie pourrait rendre compte de telles pensées scabreuses inqualifiables pour la morale. Voilà bien ce qui traverse et inquiète par-dessus tout le patient: perdre la raison. On voit par cette courte analyse que la phobie d'impulsion n'a pas fini de dévoiler ses secrets.

La psychothérapie EMDR, quant à elle, en travaillant avec le concours du patient, sur les situations et déclencheurs ou de telles phobies se déploient, permet de soulager, puis de guérir de ces pensées impulsives. A côté de protocoles EMDR existants, la méthode TIPI (Techniques d'Identifications des peurs Inconscientes) pour soigner ses peurs, ou l'EFT (Emotional Freedom Techniques) afin de libérer sa colère, peuvent être aussi d'un grand secours.

Un cas de mysophobie

« *Si je n'ai pas le contrôle, je ne suis plus rien* », voilà une phrase centrale, dans le processus thérapeutique EMDR de notre patiente pour la compréhension de sa problématique. Comment en sommes-nous arrivés là ? C'est ce que ce texte tente d'éclaircir. La phobie des bactéries pollue la vie de nombreuses personnes. Mais qu'y-a-t-il derrière la peur de la saleté et des microbes ? L'examen du cas présenté s'efforcera de donner des réponses à cette horreur et hantise des "petites bêtes".

En thérapie EMDR, il faut souvent aller chercher loin dans le passé pour savoir ce qui se révèle dans le présent. Tout commence au cours de l'enfance, puis de l'adolescence de notre patiente. La mère fait des crises nerveuses, terribles, dévastatrices, où tous les coups sont permis: chantage affectif, maltraitances, violences psychologiques, manipulations, réveil des enfants la nuit pour les prendre à témoin de ses difficultés conjugales, etc…A chaque fois qu'une menace de crise survient, l'enfant, l'adolescente est en alerte et met toute son énergie à ce que rien n'arrive, que tout s'arrange rapidement. Aplanir, essayer de calmer la mère, contrôler tout acte de sa part risquant d'envenimer les choses, de faire sauter la poudrière. En vain. Toutes ces précautions ne servent pas à grand-chose. Ça éclate quand même avec une violence inouïe. L'enfant se tait. L'enfant subit. L'enfant se terre.
Désormais, et bien au-delà de l'adolescence, l'anxiété, l'insécurité, la peur règnent dans un environnement familial toujours au bord du précipice. Les parents divorcent. Pour la patiente, il s'agit d'un apprentissage de la suspicion, de la rétention, du contrôle de ses actes et de ses mots. Ne rien exprimer de soi, de son ressenti, de sa douleur, car la moindre expression entraîne réprobation et méfiance.

A l'âge de dix-neuf ans, deux événements majeurs : Une déception amoureuse et un avortement, suivis d'une dépression, vont provoquer chez la jeune adulte une peur, une aversion des bactéries.
La mysophobie s'enracine dans un parcours d'insécurité et de contrôle. Ce que la patiente n'a pas manqué d'apprendre et de vivre pendant de nombreuses années. Cette peur des microbes et bactéries plonge la patiente dans l'obsession de la propreté où rien n'est laissé au hasard. Chaque main ou objet rencontrés prennent un caractère dégoûtant et nauséabond. Il convient de ne pas s'en approcher, sinon

avec toutes les précautions d'usage. Etre et faire propre autour de soi, laver sans relâche, se tenir à distance, etc. Il faut savoir que pour le sujet mysophobe, l'environnement est, par définition, détestable, malveillant voir hostile.

Voici un exemple frappant de ce qui se passe dans la tête de notre patiente, en ce qui concerne son horreur des bactéries. Si sa chienne a le malheur de pénétrer dans sa chambre, puis sur son lit, alors que cette pièce lui est formellement interdite, elle se voit immédiatement contrainte, après l'avoir chassée de changer draps et couvertures! La chambre est, par excellence, le "lieu sûr", l'abri, la forteresse dans laquelle elle se sent en sécurité. Dans son esprit, la protection contre les bactéries s'organise dans les limites de sa chambre. A l'extérieur, les choses paraissent plus difficiles, au regard de la prolifération des bactéries, mais elle fait face, par une vigilance accrue.

Dans sa vie quotidienne, et plus encore au travail où elle exerce le métier d'auxiliaire de puériculture dans une maternité où les règles de désinfection entretiennent un comportement de veille autour des "petites bêtes". Toute une partie de sa personnalité s'est construite, constituée autour du contrôle, ce qui explique sa réponse à ma question: « *Et si vous n'étiez plus dans ce contrôle, que se passerait- il* » ? « *Si je n'ai pas le contrôle, je ne suis plus rien. C'est ma colonne vertébrale* ».

Réponse lourde de sens. Poser le conforme comme un principe fondamental de l'existence, parce que celui-ci reste le seul rempart contre l'insécurité. Celle dont la patiente a souffert, dans le passé, auprès de l'imprévisible et l'incontrôlable mère. Le contrôle des bactéries et des microbes fonctionne comme un mécanisme de défense. C'est ici une tentative de gérer au mieux les attaques extérieures afin de minimiser l'anxiété relative à l'insécurité permanente et de résoudre les conflits internes (amour et détestation de la mère). Le risque d'une perte de contrôle d'une sécurité de base fondée sur le maintien à distance d'un environnement agressif renvoie aussitôt à un autre risque plus dangereux pour la patiente, celui d'un effondrement identitaire.

Alors que le danger d'une contamination par les bactéries sont partout, deux situations échappent au contrôle, au sentiment de peur de la saleté, à cette emprise du contrôle/ sécurité:
La sexualité et le lit.

Explication donnée par la patiente:

- Le partenaire sexuel est toujours choisi en fonction de sa taille et de sa corpulence et de son machisme. En effet, elle trouve protection et sécurité dans les bras d'un homme fort. L'instauration de la sécurité fait l'économie du contrôle.
- Pour le lit, le sien, désinfecté, est le seul endroit où elle se sent véritablement en sécurité, hors de toute atteinte extérieure.

Que pouvons-nous retenir de satisfaisant à la suite du travail effectué? Nous avions choisi la situation où la chienne venait apporter ses microbes et bactéries sur le lit de la patiente qui représente l'horreur.

- La cognition négative : je n'ai pas le contrôle de ses bactéries.
- La cognition positive : j'ai le contrôle de ces bactéries à la mesure de ce que je peux contrôler (tenir sa maison propre, se laver les mains sans excès, aérer les chambres, nettoyer la poussière à intervalles réguliers, vider souvent les poubelles, etc.)

On analyse le niveau de perturbation entre 0 et 10 ; 10 étant le niveau de perturbation maximal

* Mesure du SUD : échelle de 0 à 10 pour évaluer la perturbation (sentiment de détresse ou niveau de perturbation)

Le niveau de perturbation (sentiment de détresse) est à 10.
L'émotion est le dégoût associé à la peur.
En fin de séance, nous obtenons un niveau de perturbation descendu à 1.
La chienne sur le lit apparaît inoffensive.
Le dégoût pour les bactéries est moins violent.

En conclusion, la thérapie EMDR a montré toute son efficacité dans ce type de problématique. La mysophobie, se révèle être un lourd handicap dans la vie quotidienne. Cette pathologie s'inscrit à l'origine dans des souvenirs et vécus traumatiques. Dès lors, un trouble anxieux fait son chemin pour aboutir à un trouble obsessionnel compulsif. Rappelons que la peur de la contamination représente, au niveau obsessionnel, près de 55 % des thèmes les plus fréquents. Au niveau compulsif, la vérification atteint les 80 % (sources: passeportsanté.net).

Pour le cas de mysophobie présenté ici, il ne fait aucun doute que le processus thérapeutique EMDR engagé a démontré que des résultats très positifs sont possibles. En ce sens, nous avons constaté des réels progrès thérapeutiques chez la patiente. Ainsi ses parents étant partis en week-end, elle a accepté de prendre la chienne pour une nuit, près d'elle, dans son lit! Elle a décidé également de laver ses draps et couvertures qu'une fois par semaine alors qu'elle le faisait chaque jour. Le processus d'intégration de nouvelles informations positives se poursuit.

Une phobie sociale

Nous entendons souvent parler de "phobie sociale", mais en fait qu'est-ce que cela veut dire? Pour notre analyse, le critère deux de la définition du mot est suffisant pour en rendre comité : L'exposition à la situation sociale redoutée provoque de façon quasi-systématique une anxiété qui peut prendre la forme d'une attaque de panique liée à la situation ou bien facilitée par la situation."

Examen de notre cas :
La patiente, âgée de vingt-neuf ans, souffrant de phobie sociale depuis quelques années. Elle doit se rendre, avec un groupe d'amis, à la première d'un film à grand spectacle. Cette perspective l'a plongée dans une profonde anxiété. Va-t-elle pouvoir réussir sa soirée sans difficulté, éviter la crise d'angoisse qui la saisit souvent dans ce type de situation ?

Présentation de notre travail thérapeutique: Après avoir demandé à la patiente de nous décrire le problème qui la préoccupe, nous entrons dans le processus de traitement et de guérison de cette phobie sociale avec la psychothérapie EMDR. Chaque réponse de la patiente fait l'objet de stimulations bilatérales oculaires ou de taping (Tapotements des mains sur les genoux).

Thérapeute: *Installez en vous ce moment où vous faites la queue devant le cinéma, avec votre groupe d'amis. Vous y êtes ?*
Patiente: *oui.*
Thérapeute: *Détendez-vous, respirez profondément. La séance va commencer, vous vous préparez à avancer avec le groupe pour entrer dans la salle ?*
Patiente: *non, je ne suis pas prête... ça monte...je ressens un malaise...comme si j'allais avoir une attaque de panique...*
Thérapeute: *respirez, tout va bien. Je suis avec vous. Qu'est ce qui se passe maintenant?*
Patiente: *je n'arrive pas à avancer. J'ai aussi envie de partir...rentrer chez moi... mais je ne bouge pas dans la file.*
Thérapeute: *cela vous convient ?*
Patiente: *Je suis bien comme ça, sans bouger devant le cinéma.*

L'efficacité de l'exposition virtuelle a mis la patiente dans un état d'angoisse qui la fige certes mais ne l'entraîne pas à fuir. Ce qui peut se comprendre comme un progrès. Elle souhaite entrer au cinéma sans avoir la capacité psychique de le faire. Comment sortir de l'impasse, qui ne lui fait choisir aucune option, sinon à être partagée entre s'enfuir ou entrer, dans une position entre deux, immobile.

Nous introduisons alors une autre technique thérapeutique appelée "le tissage à deux mains" (R. Shapiro) dont nous expliquons le fonctionnement à la patiente: « *vous allez mettre dans une main cette position statique, au milieu de la file, cet endroit qui représente une menace pour vous, et dans l'autre main la progression, la marche en avant qui vous conduit dans la salle de cinéma où vous allez profiter d'un beau film.* »

Thérapeute: *qu'est-ce que vous ressentez maintenant?*

Patiente: *une partie de moi qui a peur, et une autre soulagée d'être bien dans cette attente...*

Thérapeute: *on va distinguer cette partie émotionnelle de vous qui a peur de celle plus adulte de vous normale et saine. C'est celle-ci qui voudrait bien entrer au cinéma avec ses camarades, d'accord ?*

Patiente: *la partie de moi qui a peur...c'est une petite fille qui pleure...*

Thérapeute: *votre partie adulte s'approche de la petite fille qui pleure, la conduit hors de la file d'attente, pour la rassurer...*

Patiente: *non pas la rassurer, la calmer avant tout*

Thérapeute: *oui, vous avez raison, la calmer d'abord.*

On doit constater que la patiente, sous l'effet du traitement EMDR est vraiment active dans le processus, apportant les éléments fondamentaux d'une dissociation qui se manifeste à l'approche d'une menace extérieure. Ici, la phobie sociale révèle une personnalité dissociée avec un état du moi inquiet, une partie émotionnelle anxieuse de la situation. Cette partie dit: *" dans cet environnement inconnu, j'ai peur qu'il m'arrive quelque chose"* augmentant ainsi le risque d'une attaque de panique.

Patiente: *une petite fille qui ressemble à ma nièce...*

Thérapeute: *oui je comprends. Si la petite fille est calmée, il faut la rassurer, la prendre par la main pour rejoindre le groupe d'amis. Cela vous convient ?*

Patiente: *oui, je suis mieux, on a rejoint la file d'attente pour entrer dans le cinéma.*

Par un procédé hypnotique, nous avions provoqué chez la patiente une anticipation de la crise d'angoisse en lien avec la situation phobique, caractérisée par des symptômes physiques: pâleur, accélération du rythme cardiaque, sensation d'étouffement...etc.

La séance EMDR terminée, le visage et tout le corps semblent beaucoup plus détendus. Ce que la patiente nous confirme avec un large sourire.

La peur des guêpes, l'apiphobie

Voilà bien une peur étrange partagée par de nombreuses personnes. Nous présentons ici un cas qui relève de l'apiphobie, c'est à dire de la peur panique des guêpes, abeilles et autres bourdons et frelons.

Pour notre patiente, il est important de noter que cette peur est en lien avec trois éléments:

- Une confrontation déjà effrayante, inquiétante, avec l'univers des abeilles.
- Des épisodes douloureux de piqures de guêpes et d'abeilles.
- Un trait de caractère/ comportement orienté vers le contrôle et la maîtrise des événements.

Histoire du sujet *: A l'âge de dix ans, alors qu'elle joue dans sa cour d'école, une guêpe s'introduit dans son chemisier. Elle ressent une forte douleur en haut du dos. Elle court se plaindre auprès de sa maîtresse qui lui enlève son chemisier, pour découvrir la bête encore sur sa poitrine. Un maître, présent sur les lieux, ramasse la guêpe, l'ouvre en deux, devant l'enfant sidéré et lui dit: " tu vois, elle t'a piquée partout parce qu'elle n'arrivait pas à planter son dard. Il est encore ici!"*
Quinze ans plus tard, à l'extérieur, une abeille (ou guêpe) lui fonce dessus pour la piquer sur le bras.

La thérapie EMDR:
Nous décidons d'utiliser le protocole standard, avec, pour cible, la première expérience de piqûre douloureuse. Ceci dans la mesure où l'histoire du sujet ne révèle aucun antécédent traumatique autour d'insectes.

Sur une échelle de 0-10, où la perturbation maximale est à 10, nous évaluons un score de 9.

Dès les premiers mouvements oculaires pratiqués, la patiente éprouve une grande frayeur avec des images, des sons, et sensations physiques. Elle voit, entend un essaim d'abeilles dans la pièce, dont le bourdonnement la terrifie. Elle se gratte le visage, les bras, la poitrine avec la sensation d'être agressée par les petites bêtes. Nous la rassurons immédiatement et à plusieurs reprises en lui disant qu'il n'y a aucune abeille dans la pièce, et je cesse les stimulations alternées avec mes doigts pour passer au taping (tapotement sur les genoux). Cela a pour effet de la calmer progressivement, bien qu'elle voit en gros plan la tête d'une abeille. Bien que perturbée un instant par la violence des abréactions, nous continuons le retraitement par un taping lent.

D'autres expériences du passé viennent alors expliquer, renforcer le sentiment de peur:

- Entre sept et neuf ans, la patiente se rend avec sa mère au Meli Park en Belgique, le royaume des abeilles. L'enfant peut voir derrière de grandes vitres de protection des centaines d'abeilles au travail, autour des alvéoles. Se déguiser en abeille fait partie du programme de visite. *« Nous mangions dehors, sur les tables de pique-nique. Je n'arrivais pas à rester assise, je pleurais et j'étais glacée, par la peur qu'elles m'approchent. En fait j'avais déjà peur en ce moment-là, je ne sais pas pourquoi et de quand remonte cette phobie ».*
- Le souvenir d'un film intitulé "My Girl" où un adolescent amoureux de l'héroïne, meurt suite à une attaque de guêpes.
- Le souvenir d'un deuxième film d'horreur celui-là, avec des abeilles tueuses.

Nous avons ici des souvenirs qui, inscrits dans la mémoire de la patiente, associés entre eux au niveau neuronal, ont créé un ensemble d'expériences négatives, traumatiques autour de l'angoisse, de la peur des abeilles. Par la suite, des événements douloureux ont confirmé ces appréhensions du danger (Park Meli, piqûres, film). Mais ce qui me semble plus intéressant encore, c'est que la patiente évoque autre chose en fin de séance, que nous traduisons en ces termes: « *ce qui m'angoisse, c'est quand je n'ai pas le contrôle des choses, la maitrise des événements...ce qui arrive de l'extérieur, sans prévenir...me rend plus vulnérable, plus fragile.* »

C'est la fin de la première séance.

Quand la patiente se trouve au Meli Park, et qu'elle observe les abeilles amassées qui pullulent derrière la vitre de protection, elle sent bien qu'elle n'a pas le contrôle des insectes qui peuvent à tout moment faire n'importe quoi. Elle n'est plus à l'abri. Libérées, que sont-elles capable de lui faire ?

Pour l'enfant la peur est déjà présente sans qu'elle puisse mettre un nom dessus. Ce qui explique pourquoi au Meli Park, elle pleure et se sent "glacée" car les abeilles ne sont pas loin. Et pire encore incontrôlables ? On ne peut pas comprendre la phobie précoce de la patiente sans faire référence à son souci du contrôle. L'analyse des éléments de personnalité du sujet nous conduisent vers un type obsessionnel compulsif (propreté exacerbée, rigidité sur les questions de morale, perfectionnisme, dévotion excessive pour le travail, manque d'intérêt sexuel). Très tôt, la personnalité en herbe a contribué à rendre le sujet plus inquiet pour les insectes On ne peut pas comprendre la phobie précoce de la patiente sans faire référence à son souci du contrôle. L'analyse des éléments de personnalité du sujet nous conduit vers un type obsessionnel compulsif, les événements traumatiques qui vont suivre, (piqures des abeilles) associées à sa personnalité obsessionnelle compulsive rendront les choses plus difficiles pour la patiente.

Au terme de cette première séance, nous lui recommandons, afin de se sentir plus en sécurité, de mettre un grand chapeau, de porter des vêtements qui la protège de la gorge, la poitrine et les bras et ce, lors de sorties en parc ou jardin.

Nous retranscrivons ici un e-mail envoyé par la patiente trois jours plus tard:
« Bonjour, quelques nouvelles...
Tout d'abord je tiens à vous dire que je me suis acheté un chapeau pour l'été. J'ai été confrontée plusieurs fois ce week-end à des abeilles. Une première fois dans la rue en revenant de notre séance, j'ai réussi à avancer sans changer de trottoir. Ce matin j'étais au parc avec mon fils. J'ai réussi à l'emmener loin du toboggan où bougeait une abeille, je pense qu'elle était en train de mourir et devenait un peu folle je la voyais un peu agressive...J'ai pris calmement Hugo, mon fils et je me suis éloignée. Puis ce midi une abeille est rentrée dans la cuisine pendant le repas, j'ai demandé à Michel, mon mari de me laisser gérer la situation. Il m'a tendu mon chapeau. J'ai su garder mon calme sans crier et sans changer de pièce, je l'ai gentiment chassée avec une serviette.
Une heure plus tard tout le monde faisait la sieste et une abeille est rentrée dans la cuisine encore une fois j'ai essayé calmement de la repousser je l'ai observée derrière la verrière durant cinq longues minutes mais elle refusait de partir puis elle a commencé à venir dans le salon là j'ai paniqué, j'ai fermé la porte je suis allée chercher Michel. Je l'ai supplié de venir m'aider à la retrouver dans le salon, la panique m'a envahie j'ai perdu le contrôle. J'ai fondu en larmes j'étais apeurée comme dans votre cabinet. Michel m'a protégée de ses bras j'avais très peur. Nous avons fait le tour... elle n'était plus là je me suis calmée.
Je vois un avancement même si c'est toujours difficile. Jean m'a dit c'est déjà bien tu ne te mets plus à hurler en changeant de pièce et tu arrives à te contrôler un peu un certain temps ».

Dans l'intervalle de la prochaine séance, cet autre message envoyé, l'expérience négative d'un apprentissage de l'eau et de la nage conduit la patiente à faire des efforts, mais reste que la peur de l'eau demeure, phobie dans laquelle la mère a certainement joué un rôle.

« Je ne vous en ai pas parlé la dernière fois mais j'ai la même phobie avec la mer. Il est très difficile pour moi d'aller me baigner en vacances, impossible de voir Hugo partir nager au large sans être prise de panique. Cela remonte à mes premiers cours de natation avec l'école. Un maître-nageur était peu pédagogue il nous repoussait avec la perche nous coinçait sous les tapis pour que l'on passe en dessous, j'ai failli me noyer dans le grand bain et me suis faite secourir par une élève. Depuis ce temps j'étais paniquée par la piscine je n'arrivais pas à mettre ma tête sous l'eau. Ma mère a peur de l'eau. Elle n'allait jamais se baigner car elle ne sait pas bien nager et trouvait la mer très sale. Je ne l'ai jamais vue à la piscine de ma vie. Elle ne m'a jamais accompagnée d'ailleurs. À quinze ans j'ai décidé d'apprendre à nager et j'ai pris des cours particuliers. Aujourd'hui je n'ai plus peur de la piscine je sais me débrouiller en brasse mais la mer reste une grosse angoisse pour moi. Impossible que quelqu'un me touche quand je suis dans l'eau je panique comme pour les abeilles. Impossible également d'aller dans des profondeurs plus loin que la taille ».

Autre objet phobique: la mer. Cette aquaphobie s'est développée, comme pour la phobie des abeilles, en lien avec une expérience traumatisante, celle de l'apprentissage de la nage à l'école. Cette peur de la mer est renforcée par l'impossibilité de se sentir rassurée par la présence de la mère qui ne se baigne jamais, par crainte de la saleté. L'enfant baigne très tôt dans un climat de peur et d'insécurité permanente que la mère entretient par l'obsession de la propreté, y compris de tout ce qui viendrait de l'extérieur « salir » le corps. Faut-il voir alors les insectes comme l'intrusion, l'incursion d'une impureté sur soi et à l'intérieur de soi, les maladies qu'ils transmettent passant d'un corps à un autre?

Une semaine plus tard, nous repartons de la situation initiale, c'est à dire celle de l'abeille sous le chemisier. Car pour des expériences pénibles, il est nécessaire de reprendre la séance afin de retraiter complètement la phobie des abeilles. Celle-ci commence à montrer des signes de faiblesse et la patiente ne sent plus la présence des abeilles dans le cabinet. Progressivement, l'appréhension disparaît pour faire place à des images plus anodines comme des promenades dans un parc avec son fils. Nous évaluons à nouveau le sentiment de détresse. *Il est tombé à 0*

La patiente convient avec nous d'engager un nouveau travail thérapeutique sur la phobie de la mer et de ses profondeurs.

3

Les dépressions

Les troubles dépressifs, ses déclencheurs

Loin de l'épisode dépressif marqué, diagnostiqué et soigné comme tel, il arrive que certains déclencheurs ou circonstances influencent et provoquent parfois, chez le patient des manifestations dépressives. Celles-ci risquant, en réactivant la chaîne des contenus dépressifs anciens, de saper tout le travail thérapeutique engagé précédemment. Nous allons analyser la manière de désamorcer au plus vite la source de ces troubles occasionnant: perte de sommeil, prostration, pleurs, crise d'angoisse, anxiété, pensées tournées vers les expériences douloureuses du passé.

Examinons notre cas clinique:

Âgée de soixante ans, et souffrant de dépression chronique, la patiente est en traitement de psychothérapie EMDR depuis deux ans. Les choses semblent aller beaucoup mieux, avec une disparition progressive des symptômes patents de la dépression. Elle se sent plus à l'aise pour aller vers les autres, s'ouvrir au monde, recherche désormais le contact et le partage, participe à des randonnées, retrouve le sommeil etc...

Devant ces progrès avérés, nous décidons d'un commun accord d'espacer nos rencontres au rythme d'une séance tous les quinze jours. Mais voici que lors de son retour en consultation, elle me rapporte, en plein désarroi deux événements majeurs, lesquels se sont déroulés dans l'intervalle de nos rencontres. Les conséquences de ces deux événements l'ont à nouveau fait replonger dans un état de découragement, de confusion et de perte d'estime de soi.

Description du premier événement ou déclencheur :

Invitée à partager la galette des rois avec un groupe de gens lors d'une amicale, elle se rapproche d'une vieille connaissance afin de s'enquérir de son état. La personne lui répond sèchement que les nouvelles ne sont pas bonnes. La patiente, emplie de compassion, propose de lui apporter son aide. C'est alors qu'elle doit faire face à une violence inouïe de la part de cette personne qui la juge incapable de la comprendre et de l'aider d'une manière ou d'une autre.

Description du deuxième événement ou déclencheur:

Un abbé qui demande le soutien aux membres de sa communauté confessionnelle afin de l'aider à effectuer son déménagement. Le rendez-vous est pris à son domicile avec un groupe bénévole de la communauté auquel la patiente a décidé de se joindre. Quand le groupe se présente devant la porte de l'ecclésiastique, celui-ci dit, en regardant la patiente *« mais pourquoi avez-vous emmené tous ces gens ? »*. Et cela est vécu, pour elle comme une grande humiliation. Par ces mots, elle entend, de la part de l'abbé un refus de l'aide qu'elle est prête à apporter.

Nous constatons que dans les deux situations rapportées, cela correspond, pour la patiente, à une fin de non-recevoir à apporter son aide. Avant de poursuivre, il est nécessaire de rappeler que la patiente, dans sa prime enfance, a connu un profond manque affectif avec sa mère, puis abandonnée en famille d'accueil où elle a subi de nombreuses maltraitances. Par la suite, la dépression s'est installée avec des tentatives de suicide.

Qu'observons-nous lors de la première séance consacrée au retraitement des événements décrits ?
Dès les premiers mouvements oculaires, la patiente évoque une vision pleine de sens. « *Ma naissance...Je sors du ventre de ma mère...elle veut se débarrasser de ça...de moi* ». C'est la séquence, selon nous, centrale, de la question qui nous préoccupe, celle d'un rejet de l'enfant par la mère.
La dépression s'enracine dans cette négation « *n'existe pas !* »
Comme un puissant élastique, les deux situations qui ont si profondément troublé et choqué la patiente, rappellent le vécu de sa naissance mal acceptée par sa mère. Le bébé souhaitant aller vers le monde et s'offrir à lui, s'en voit refuser l'accès. On pourrait le formuler ainsi: « *personne ne veut de toi ici, de ton aide, de ce que tu prétends apporter, et tu n'as rien à faire parmi nous*! ».
On comprend du coup que la patiente ait ressenti avec la plus extrême violence ces deux événements, lesquels sont en résonance directe avec un sentiment d'être rejetée, associée à une angoisse d'abandon. Les travaux cliniques nous apprennent que l'enfant mal accueilli par sa mère ne peut développer, dans sa vie d'adulte, qu'auto destruction et pulsions de mort.

La thérapie EMDR s'est attachée au traitement de ces deux situations ; qui, non traitées, risqueraient d'entraîner la patiente vers une pente descendante, celle des besoins précoces non satisfaits, l'amour, la sécurité, la stabilité et la compréhension. En fait, il convient de soigner sans tarder les situations ou moments difficiles, voire traumatiques occasionnant par la suite les troubles dépressifs. Il y a une urgence à soulager les symptômes qui gênent considérablement sa vie quotidienne, nuisent à sa santé psychique. Mais plus encore, il s'agit de guérir de ces expériences négatives afin de prévenir toutes récidives de la dépression. Apprendre au patient à faire des liens entre ce qui lui arrive avec le ou les expériences nocives de l'enfance. Ceux-ci constituant des schémas précoces inadaptés (la thérapie des schémas, Jeffrey. E. Young, 2003).

Notre intervention auprès de la patiente, en s'appuyant sur cette approche donne à comprendre sa problématique, l'aider à combler ses besoins de base d'une façon adaptée, en gérant les schémas inadaptés, les stratégies d'adaptation, les modes inadéquats. Comment réagir, de la meilleure manière, face à de telles situations de chocs émotionnels et cognitifs qui ramènent le patient dans les souffrances du passé ? Voilà un programme restant à définir avec lui.

Guérir de la profonde solitude

Quand le patient, au terme de presque deux années de thérapie EMDR, fait le constat suivant: *« Quelque chose a changé, la solitude n'est plus à l'intérieur de moi, mais dehors »,* que devons-nous comprendre ?

La solitude rejoint-elle ce qu'écrit à son propos RM. Rilke ? *« Dites-vous bien: que serait une solitude qui ne serait une grande solitude? La solitude est une: elle est par essence grande et lourde à porter. »* (Lettre à un jeune poète).
Mais cette grande solitude se définit encore de manière poétique et préférentielle par rapport à un commerce vain et sans intérêt avec le monde des humains. La solitude du dépressif est toute autre. Elle plonge ses racines dans les "*ténèbres à la surface de l'abime" (Genèse, 1.2*). Une chute vertigineuse, sans fin qui entraîne le dépressif, qui n'offre aucune prise. Tout juste se raccrocher à soi-même, par le fil tenu d'une respiration, à peine audible. Le dépressif est-il encore vivant ? Solitude intérieure où le face à face permanent avec soi-même enferme la souffrance, la rend muette. Comment qualifier cette solitude que l'on sait pourtant innommable ? Un trou noir, une tache fixée sur le mur, un corps à jamais prostré? Comment définir cette solitude dont les métaphores semblent si pauvres pour en rendre compte? A l'intérieur de cet état impossible à décrire, il y a si peu d'émotion. Une bulle pleine d'organes certes, mais à quoi bon ? Ces organes servent à maintenir le corps en vie pour recevoir plus de solitude encore. La dépression terrasse les plus endurcis d'entre nous. Le sentiment

de solitude attaché à la dépression sévère ne ressemble à aucun autre, car il retranche complètement le patient de son environnement familial, social et économique.

Le processus thérapeutique EMDR engagé dégage la patiente progressivement de cet isolement, de cet enfermement qui ne reflète que lui-même. Ce qui caractérise ce sentiment de solitude propre à la dépression chronique, c'est une impassibilité à exprimer, communiquer cette douleur de solitude parce qu'elle touche à l'indicible. Les mouvements oculaires produisent dans le cerveau de la patiente un soulagement puis un déplacement qui va de l'intérieur de soi à l'extérieur de soi. En effet, celle-ci prend conscience d'un manque qui serait à combler, à l'extérieur de soi. Ce qui fait toute la différence avec le sentiment de solitude profond initial. La patiente souffre à présent d'une solitude autre dont elle espère la sortie par une présence humaine. *" Je me sens seule"* signifie un appel désespéré à une rencontre amoureuse, affective, une amitié, des désirs de partager quelque chose avec ses semblables.

Le chemin vers la guérison de la dépression s'inscrit ici, dans l'apparition de ce manque à satisfaire pleinement. Comment s'y prendre, au-delà du sentiment de délivrance intérieure ? Le "reste" si l'on peut dire n'est qu'une question de moyens et d'actions à mettre en place. Par exemple, comment faire concrètement pour rencontrer les autres ? Aspiration nouvelle dont le dépressif, dans sa détresse absolue était dépourvue. A quoi bon posséder le mode d'emploi?

Par le travail de psychothérapie EMDR, le sentiment de solitude évolue favorablement vers une conscience qui s'ouvre maintenant à un "ailleurs". Pour la patiente, après la claustration, la torture de l'écrasement, une exigence de voyages, de soleil, ainsi que de relations et d'échanges avec les autres émerge et s'installe de façon progressive. Il se produit un éveil de sentiments agréables à vivre par le réveil de souvenirs passés positifs. Au sein de la vie psychique de la patiente, la profonde solitude, grâce au travail effectué en EMDR, se trouve reléguée derrière la solitude de tout à chacun.

4

Les abus sexuels

Un cas d'attouchements sexuels

Dans le cadre d'une demande de thérapie EMDR, j'ai été mis en présence d'une victime d'attouchements sexuels. Il m'a semblé alors utile, à cette occasion, de faire le point sur la question. En abordant l´expérience traumatique des attouchements vécus par la patiente, nous nous attendions à trouver et à retraiter de fortes perturbations émotionnelles liées â cette situation, il n'en a rien été. Autre chose se produit alors qui présente le plus grand intérêt thérapeutique, à savoir celui de l'état affectif de la patiente, de ses relations avec ses proches, son environnement social et familial. Si le souvenir du traumatisme apparaît alors, il est décrit comme une anecdote, ce qui peut rendre perplexe le thérapeute sur la valeur traumatique du témoignage, et donc sceptique sur le processus engagé. Il y a eu un ou des attouchements sexuels et la patiente se présente à nous pour le retraiter.

Plusieurs questions se posent au thérapeute : *« Est-ce un fantasme de séduction ? Dans cette pauvreté, cette absence d'éléments signifiants du trauma, y a-t- il un mécanisme de défense, un blocage particulier ? Cela nécessite-t-il un tissage cognitif ? »*

Patience, la persévérance du thérapeute paye, car, en définitive, la poursuite des mouvements oculaires rend compte de toute autre chose que la situation du patient "coincé dans le temps du trauma". L'EMDR vient chercher à la source l'univers mental de la patiente au moment de l'agression. Le processus thérapeutique la fait régresser dans des zones de mémoires plus anciennes. Un passé trouble, un état d'esprit de l'enfant que le thérapeute accueille avec le plus grand intérêt afin d'élargir sa compréhension des conditions psycho-affectives de celle-ci, et surtout dans la relation avec son agresseur. L'analyse de la première séance va donc nous donner un éclairage fondamental sur la "partie cachée de l'iceberg" dont l'enfant est porteuse au moment de l'agression. Le traumatisme vécu apparaîtra d'emblée comme "trauma complexe" parce que renforcé par une histoire psychique constituée par des attentes, des manques, des fragilités narcissiques. Voilà bien ce que les mouvements oculaires révèlent, associés au souvenir de l'agression subie.

Examen d'un exemple d'attouchement sexuel

Le cas d'Elodie

L'enfant est âgée de sept- huit ans quand elle subit à quatre reprises les attouchements sexuels d'un garçon de ferme. Emotions et sentiments ressentis : la première fois, une sorte de passivité, la deuxième c'est du plaisir, la troisième, le dégoût, la quatrième, la peur.

Je cible la première agression sexuelle, où, au cours d'un repas en commun avec des employés d'une exploitation agricole, le prédateur qu'elle connait, assis près d'elle, glisse sa main entre les jambes de l'enfant. Celle-ci accepte ce geste comme une marque de protection et de tendresse à son égard : "*Enfin quelqu'un faisait attention à moi et je trouvais ce geste normal*".

Pour l'enfant, ce geste est d'autant plus normal qu'il se produit en présence d'un groupe de convives. Devant son silence, j'essaie un tissage cognitif ouvrant peut-être à une émotion particulière, des cognitions, des images, des sensations physiques.

Je pose la question

- "*Il vous regardait ?*"
- *"Non"*
- *"Et vous, vous le regardiez?"*
- *"Non"*

Rien de plus n'émerge de cette première expérience d'attouchement. La situation ciblée mérite t- elle un retraitement? Soudain, un nouveau canal prend le relais de la situation initiale ciblée. La patiente parle des relations avec sa mère : *« Je la déteste »* ensuite souvenir d'une dispute entre les parents, où la mère dit au père *« Elle est toujours entre nous! »* à ce sujet lors des vacances prévues chez une tante, les parents se retrouvent seuls dans une chambre ce qui accentue le sentiment de rejet.

L'émotion se présente ici, dans cette souffrance du manque affectif, de besoins non satisfaits, de l'insécurité maternelle, comme l'essentiel de la séance où détresse et colère se côtoient. En fait, à travers l'émergence de ce canal, le retraitement porte sur les relations affectives avec les parents. Un attachement non réalisé avec la mère compensé par l'amour du père, lui-même souvent absent du domicile, pris par de nombreuses obligations professionnelles.

Comment comprendre la signification de la séance, que nous enseigne-t-elle ?
Bien que "surprise" (émotion) par le geste de l'agresseur identifié dans l'après-coup en tant que tel, la patiente le reçoit comme une marque d'intérêt, de sollicitude, de compassion envers son désarroi affectif. Et cela, l'EMDR nous en fait la démonstration, nous en donne les éléments de compréhension. Surprise, l'enfant l'est bien sûr, mais point effrayée. Elle trouve ce geste réconfortant, protecteur, aimant, face à l'absence de la mère, premier objet d'amour perdu. Un instant, ces caresses faites sans brutalité viennent rompre un climat de solitude affective. Dans cet état, de vulnérabilité, l'enfant perçoit son agresseur, de manière fantasmatique aussi, (lequel est un beau jeune homme blond), proche, solidaire et comme à l'écoute de son drame intérieur, de ses difficultés relationnelles.

Ces réflexions me conduisent à formuler deux idées:

- En certaines circonstances, l'agresseur sexuel exploite l'ignorance et la vulnérabilité psychologique de l'enfant pour satisfaire ses pulsions.
- Au regard de son histoire affective propre, il arrive que l'enfant prenne des attouchements sexuels comme une marque d'affection et de tendresse.

Que doit-on en conclure ? Les carences affectives et une protection insuffisante de l'enfant, de même que sa non mise en garde, jouent en faveur de situations d'attouchements sexuels perpétrés par un prédateur. Ces situations restent souvent occultées, pardonnées ou justifiées par l'enfant, puis plus tard par l'adulte, car elles restent associées paradoxalement à une marque de protection et d'affection.

Ce retraitement effectué avec l'aide de l'EMDR a permis à la patiente de se déculpabiliser au regard de cette première situation d'attouchement, (il n'en a pas été de même pour les autres) qu'elle ne pouvait vivre que de cette manière-là, sans colère et sans honte compte tenu de son état de carence affective. Il demeure que les attouchements sexuels provoquent de nombreux troubles chez l'enfant (sentiment de honte, de culpabilité, de solitude et d'insécurité angoissante, dissociation du corps, dépersonnalisation, etc.), lesquels doivent être pris en charge psychologiquement et soignés sans tarder. Quant aux auteurs de tels actes sanctionnés et punis par la loi, il convient de les accompagner par une psychothérapie adaptée.

Identification à l'agresseur, le risque pédophile

Comment sortir du piège de la pédophilie ?

Car la difficulté se présente bien là, en amont, dans l'histoire de l'enfance du sujet. Dans la particularité d'un événement majeur, celui de l'abus sexuel qui a précédé le développement, chez la victime, d'une orientation pédophile. On ne le devient pas par goût ou vocation. Au cœur de l'événement traumatique, quelque chose s'est joué au niveau psychique faisant basculer la victime qu'il était vers un rôle de prédateur. Dire d'un pédophile qu'il reste une victime ne le dégage en rien de ses responsabilités morales. Devenu adulte, et conscient de ses déviances sexuelles, il doit de toute urgence se faire accompagner afin de traiter sa pathologie. La clinique nous apprend que l'auteur d'actes pédophiles se trouve maintenu, sous l'emprise d'une dissociation de la personnalité dont l'origine remonte à sa propre agression. En effet, il faut bien comprendre que face à son agresseur et pour sa survie, il s'est identifié à lui (A. Freud, 1936). Ce mécanisme de défense appelé identification à l'agresseur aura, par la suite de nombreuses répercussions sur ses propres relations et désirs sexuels.

Comment se construit cette identification ?

Celle-ci prend des formes très diverses, selon "l'approche" de l'agresseur, le type de relations qu'il entretient avec sa victime. Et cela est d'une extrême importance quant au destin du futur pédophile. Son agresseur était-il violent, a-t-elle été maltraitée, ou au contraire lui a- t-il procuré du plaisir?
Était-il une figure d'autorité, de répulsion ou d'attachement ? (le père, la mère, le cousin, l'oncle, un inconnu...etc.). S'identifier à l'agresseur, c'est désormais avoir une partie de soi devenue lui. La naissance d'un état du moi dissocié possédant le comportement, les attitudes et le désir de l'agresseur. Concrètement, une partie de l'enfant imitant l'agresseur s'approprie, introjecte l'odeur, les paroles, les gestes et caresses de celui-ci. Si la victime souffre de carence affective au moment des faits, elle ne mettra pas en place un système d'actions défensives (combat, fuite, sidération ou soumission) mais au contraire acceptera et jugera ses attouchements comme des marques d'affection et d'amour.
C'est essentiellement l'incapacité à traiter psychiquement ce qui lui arrive qui l'a conduit à s'identifier à l'agresseur.

Pourquoi suis-je pédophile?

A l'heure des premiers rapports sexuels, l'individu autrefois abusé s'interroge. Pour les hommes, peu de satisfactions sexuelles, pour les femmes aucun orgasme. Mais voilà que, bien plus tard, à l'occasion d'un jeu avec un enfant, une caresse sur ses cheveux, quelque chose se produit de manière surprenante et imprévisible. Ça jouit dans tout le corps; le plaisir est là au contact d'un enfant...comment cela est-il possible? Il faut savoir que le patient (pas tous malheureusement) quand il se rend en consultation pour comprendre et soigner ce trouble est atterré, horrifié par cette possible éventualité. La honte le submerge au quotidien, la peur de " faire du mal " à un enfant le rend très angoissé. Est-il pédophile? Les choses s'avèrent plus compliquées quand, lors d'une masturbation ou d'une relation sexuelle, surgissent les images d'enfants. Ce sont elles qui provoquent le désir, l'orgasme. Elles s'imposent d'elles-mêmes chez le patient alors qu'il ne les attendait pas, qu'il les refuse. Les conséquences de l'identification conduisent le patient à reproduire ce qu'il a subi.
Il se retrouve à son tour comme un agresseur cherchant à satisfaire ses pulsions sexuelles.

Comment soigner un patient ayant une orientation sexuelle pédophilique ?

Comme nous l'avons vu précédemment, il s'agit, pour le patient, de lui faire prendre conscience que sa personnalité est, depuis les attouchements ou viol vécus dans son enfance, dissociée.
Une part en lui vit toujours dans le temps du trauma avec sa propre perception du désir et de la satisfaction sexuelle. La personnalité normale refuse cet état du moi dissocié qui l'entraîne vers des actions incontrôlables (attouchements, viol et séquestration d'enfant) qu'il ne peut justifier. Mais à vouloir le repousser cet état du moi dissocié semble se renforcer. Quelles barrières suffisamment puissantes le rendraient définitivement inefficace? Réponse difficile. Il faut donc s'y prendre autrement. Les praticiens et théoriciens nous proposent un certain nombre d'approches méthodologiques pour travailler avec la dissociation de la personnalité (*dissociation de la personnalité et thérapie EMDR dans les troubles complexes. Omo van der Hart et Al..,2014).*
De manière générale, le traitement porte sur l'idée de s'approcher de cette partie afin de communiquer, puis de négocier avec elle pour trouver des solutions alternatives, moins destructives et plus constructives.

Comment parler avec une partie imitant l'agresseur?

Le cas d'Agnès

Alors âgée de huit ans, elle subit, à quatre reprises des attouchements sexuels. Une fois, elle en éprouvera du plaisir. A trente ans, elle n'a pas d'orgasme et entreprend une hypno thérapie. L'utilisation de l'image mentale d'un barrage qui cède provoquera chez elle la guérison. Mais voilà que celle-ci intervient là où elle ne l'attendait pas. Bientôt, l'orgasme se produit, certes mais provoqué par des contacts (réels ou imaginés) avec des enfants. Dès lors une pathologie pédophilique est à prendre au sérieux.

Thérapeute: *Cette partie de vous qui ressent, depuis ces attouchements de votre agresseur, cet orgasme particulier en lien avec la présence d'enfants, nous allons le personnifier, lui donner un nom. Vous voulez bien ?*

Agnès: *oui. Mais je n'ai aucune idée...*

Thérapeute: *par exemple monsieur....Ou un autre prénom...*

Agnès: *monsieur D.... (En fait la patiente donne la première lettre du prénom de son agresseur.)*

Thérapeute: *d'accord, monsieur D...qu'a t il fait avec vous ?*

Agnès: *il m'a caressée...sur le ventre et ailleurs...*

Thérapeute: *qu'avez-vous ressenti alors ?*

Agnès:- *cette fois, c'était du plaisir.*

Thérapeute : *le plaisir n'est pas interdit, avait-il le droit de le faire avec une enfant de huit ans ?*

Agnès: *non. Je ne voyais pas le mal, j'étais tellement seule.*

Thérapeute: *oui, je comprends.*

Agnès: *juste mon père que j'adorais...l'agresseur, je le connaissais, j'avais confiance.*

Thérapeute: *bien dites-lui qu'il n'avait pas le droit. De vous toucher. Et dites-lui aussi que cela a provoqué chez vous des sensations de plaisir anormales avec les enfants.*

Agnès: *c'est horrible ce qui m'arrive! Je le déteste, qu'il me laisse tranquille!*

Thérapeute: je *comprends. Répétez-lui simplement les phrases que je vous ai demandé de lui dire.*

Agnès: *(elle répète les phrases) il a bousillé ma vie de femme, ma sexualité!*

Thérapeute: *dites-lui que vous voulez bien qu'il joue un rôle dans votre sexualité, ce monsieur D .à l'intérieur de vous. Une sensibilité aux caresses oui, mais dans une relation d'adulte à adulte. Que* *vous acceptez des caresses venant d'un adulte. Que vous voulez éprouver du plaisir avec votre compagnon actuel et pas avec des enfants.*

Agnès: *(Elle a répété les phrases) je veux avoir une autre sexualité...*

Thérapeute: *nous allons parler avec monsieur D...celui qui est une partie de vous, qui agit en vous et vous fait penser à ces choses-là...Une partie de vous qui imite votre agresseur, monsieur D. je vous propose d'engager un dialogue avec lui. Vous voulez bien?*

Agnès: *oui d'accord.*

Thérapeute: *Il n'est pas bon, pour vous qu'il intervienne dans votre vie sexuelle d'aujourd'hui. Qu'il n'a pas à vous faire reproduire ces attouchements auprès d'enfants.*

Agnès : *oui c'est exactement ça.*

Thérapeute: *vous avez compris. Pensez fort à ça dans votre tête puis dites-lui avec vos propres mots.*

Agnès: *Oui, monsieur D....je souhaite vraiment que tu me laisses tranquille maintenant...*

Thérapeute: *Il n'est pas votre ennemi. Il ne sert à rien de lutter contre lui. Au contraire, il vous a été utile ce monsieur D....pour gérer la situation dans laquelle vous étiez.*

Agnès: *Je ne pouvais pas faire autrement.*

Thérapeute: *il vous a fait découvrir la sensualité, alors que n'aviez que huit ans. Maintenant vous êtes une adulte...*

Agnès: *Je dois me tourner vers des adultes!*

Thérapeute: *On pourrait même lui demander son aide, qu'en pensez-vous ?*

Agnès: *oui.*

Thérapeute: *considérez qu'il peut vous aider, c'est très bien.*

Agnès: *monsieur D....guéris-moi !*

En résumé:

Il convient, pour la patiente, de s'adresser non pas à l'agresseur réel, mais à sa forme interne dont il faut diriger l'énergie, les actions mentales et comportementales vers d'autres résolutions plus positives, sexuellement saines et moins pathogènes. Dans cet échange, les mouvements oculaires ne cessent pas. Bien au contraire, elles permettent de renforcer les cognitions et émotions allant dans le sens d'un refus d'un assujettissement sexuel à son agresseur et, à l'inverse d'une affirmation claire, celle d'une vie sexuelle naturelle, équilibrée, normale.

L'interdit au plaisir après un viol

Pour de nombreuses femmes, les difficultés sexuelles apparaissent bien souvent après avoir subi un viol. De cette expérience pénible de viol, il demeure, pour de nombreuses femmes l'appréhension et la peur des hommes car ils peuvent à tous moments, et bien malgré eux, représenter une menace potentielle pour leur intégrité physique. Après le traumatisme subi, comment envisager une proximité, une intimité physique avec un homme, dans la perspective d'une vie de couple? Dans ce chemin vers la reconstruction, la femme a, en effet accepté l'idée de retrouver une vie sexuelle normale, d'avoir des enfants et de marcher dans la rue en toute sécurité sous le regard des hommes. Rappelons qu'à la suite d'un viol, de nombreuses conséquences psychologiques et comportementales se développent empoisonnant le quotidien des victimes : Un état de veille permanent, une méfiance à l'égard des hommes, des conduites d'évitement, des états du moi dissociés, dés flashbacks, des hallucinations, des idées suicidaires.

C'est le cas de notre patiente qui, âgée de vingt-cinq ans vient consulter en psychothérapie EMDR pour des viols répétés, commis il y a deux années, sous l'effet de drogues. Elle souhaite retrouver la pleine capacité de son épanouissement psychique et sexuel. Au sein d'un couple, l'amour sans sexualité se révèle très vite difficile et impossible à vivre, dans la durée, pour l'homme. L'amour pour sa compagne est indissociable d'un désir profond de partager avec elle une complicité sexuelle. Dans l'esprit de la jeune femme, les viols sont encore trop récents et ont laissé de lourdes traces pour que celle-ci s'abandonne à une relation sexuelle normale. Puis le temps semble avoir fait son œuvre, associé au travail thérapeutique de l'EMDR. Quand la patiente, un soir, se sent suffisamment en confiance avec son partenaire, elle se laisse aller alors à une étreinte. Les choses auraient pu prendre une dimension agréable, jouissive mais il n'en n'a rien été, comme nous allons le voir.

Lors de la montée du plaisir chez elle, soudain l'effroi la saisit. Elle ouvre de grands yeux apeurés, manifeste une grande crainte, son corps se raidit et elle repousse son partenaire. Que s'est-il passé pour que tout bascule brusquement dans un moment de frayeur et de panique ? C'est l'expérience réactivée du viol. La patiente nous explique que, lors du viol, les stimulations de ses zones érogènes lui avaient procuré du plaisir. Son corps, malgré toutes ses résistances et sa répulsion avait échappé à son contrôle pour succomber aux stimulations sexuelles exercées par ses violeurs. Aucune émotion positive et acceptation consentante et raisonnée n'accompagnaient ce plaisir progressif. Dissociée par les effets anesthésiants de la drogue, son corps ne lui appartenait plus. Toutefois sa mémoire a enregistré la violence des abus sexuels exercés contre sa volonté.

C'est une mémoire traumatique, qui, comme le souligne avec justesse le docteur Muriel Salmona « *un trouble de la mémoire implicite émotionnel, conséquence psycho-traumatique des violences les plus graves se traduisant par des réminiscences intrusives qui envahissent totalement la conscience.* » (Mémoire traumatique et Victimologie).

Lorsque la patiente s'abandonne volontairement à son partenaire avec lequel elle vit, le corps, l'émotion positive, la raison fonctionnent de façon unifiée, harmonisée. Pour un temps seulement, car le réveil des stimulations sexuelles associé au visage de son partenaire penché sur elle la replonge dans le vécu de l'expérience traumatique du viol. C'est alors que la patiente dit *« non, je ne peux pas! »* Ressentir du plaisir avec son conjoint, c'est retrouver l'enfermement et la mise sous contrôle de son corps. C'est donc, d'une certaine façon accepter à nouveau le viol psychiquement et physiquement.

Que s'est-il passé dans l'échange sexuel souhaité par le couple ? Comme son compagnon la sollicite souvent pour une étreinte, elle se laisse convaincre dans la perspective d'une jouissance qui mettrait fin à cette crainte du sexuel et aboutir ainsi à sa guérison. Elle s'abandonne un moment, mais voilà très vite, elle s'identifie à sa position de victime de viols répétés. Avec son partenaire, elle possède le pouvoir de le refuser.

Comment comprendre ce mouvement de recul, de refus ? Jouir reviendrait à accepter le viol, mettre un terme au sentiment de révolte, renoncer à son exigence de réparation et de justice. Une plainte a en effet été déposée. Une partie en elle reste profondément meurtrie. État du moi hostile au pardon des agresseurs sexuels. Encore trop tôt…Jouir, prendre du plaisir avec un partenaire, bien après le viol subi, c'est dire « oui » et consentir à l'inacceptable de la soumission et de la violence sexuelle. Il faut donc du temps pour que la patiente, la victime, ne ressente plus la pénétration comme "forcée" et de cette manière-là, elle puisse s'abandonner dans la jouissance sans la hantise, la peur de l'effraction corporelle et psychique.

La psychothérapie EMDR s'avère l'outil adéquat pour effectuer le "nettoyage" des traumatismes inscrits dans le corps et la tête de la patiente par les viols subis. Les séquelles psychologiques laissées par ces viols méritent une longue prise en charge thérapeutique. Un état de stress post traumatique dont il convient de traiter tous les symptômes. Cibler et guérir les souvenirs douloureux rattachés aux expériences négatives de sidération, d'effraction et de peur. Telles sont les conditions indispensables pour redécouvrir le chemin de la guérison, de la confiance en soi et du plaisir sexuel.

5

Les situations d'attentats

Attentats: quelles conséquences psychologiques ?

Les attentats du treize novembre à Paris seront porteurs d'inévitables séquelles psychologiques. En effet, un tel événement, médiatisé sans relâche provoque une telle surcharge de stress collectif ou individuel qu'elle provoque sidération effroi et peur. Alors que de nombreuses cellules psychologiques ont été mises en place pour les victimes, dès les premières heures de la tragédie, il reste que la collectivité souffre. Cet état de stress post traumatique consécutif à cette nuit de terreur va se maintenir durablement par sa possible répétition. Les témoignages des victimes et proches associés, relayés par les médias produisent dans le cerveau de chacun, comme du corps collectif, des identifications fortes. Chaque personne se sent atteinte par la situation par le choc de la situation traumatique vécue par son semblable lors de l'attentat. Il s'imagine alors lui-même attablé dans un restaurant, un café ou dans une salle de concert, sidéré soudain par l'effroyable tuerie. Le stress intense répond toujours à une menace. Dans ces moments de profonde confusion, le danger est partout présent et rien ni personne ne peut lever le spectre de l'imprévisible perte, de sa propre mort. La situation d'insécurité et de peur consécutive aux attentats risque d'entraîner un certain nombre de symptômes psychologiques et comportements.

Après un attentat terroriste et à titre d'information rappelons les séquences de réactions psychologiques analysées dans un article de la Revue Médicale Suisse en 2008 (N° 173- médecine et terrorisme) :

- Réactions psychologiques de quelques heures à quelques jours: anxiété, peur, stress, confusion, activation du système nerveux autonome.
- Réaction d'une semaine à plusieurs mois: reviviscence, cauchemars, insomnie, hyper vigilance, agressivité, irritabilité, troubles somatiques (vertiges, céphalées, asthénie, nausées)
- Réactions à long terme, au-delà d'une année: dépression, troubles anxieux et somatoforme, symptômes de stress post traumatique, troubles du sommeil, abus de substances, addictions.

On doit constater que tout l'intérêt d'une prise en charge rapide est d'éviter des complications psychiques et comportementales rendant plus lourd le traitement. Citons un exemple: Un état de peur ou de stress se soigne plus facilement qu'une addiction à l'alcool ou à l'héroïne.
Il convient de noter que ce type d'événements réactivent chez certaines personnes présentant déjà des crises d'angoisse et de panique des rechutes dont on ne doit pas sous-estimer la portée.

Prenons un autre exemple : Celui d'un patient traité en EMDR, quelques semaines avant les attentats, pour des crises d'angoisse. Les résultats sont de plus encourageants et les symptômes disparaissent progressivement (inquiétude dans les transports, envie urgente d'uriner, bouffées de chaleur).
Il consulte deux jours après les attentats de Paris et nous fait le récit de cette nuit terrible du treize novembre: *« Je n'étais au courant de rien. Je travaille dans un restaurant. A 10 h 30 heures, mon patron demande aux clients attablés de terminer leur repas plus rapidement car il souhaite fermer sa devanture. Je m'exécute sans me douter de quoi que ce soit. Les clients partis, il m'informe alors les terribles nouvelles, la tragédie, il me dit aussi que les moyens de transports sont impraticables. C'est le début d'un sentiment de panique. Je veux rentrer chez moi, au plus vite. A pied, je fais un grand détour pour y parvenir. Je vois des restaurants fermés aux terrasses encore pleines de tables vides, de plats, de nourriture, de petites lumières. Je croise des gens qui courent dans tous les sens et d'autres très calmes. Il ne me reste que cinq minutes de batterie...c'est inquiétant...j'avance seul dans la nuit...beaucoup de sirènes...j'arrive enfin chez moi...en pleurant. Je monte au deuxième étage, je ferme les volets, je me barricade, j'éteins toutes le lumières...je mets la télé pour écouter les informations. J'habite à deux pas du " Petit Cambodge". Je ne dors pas, ma grand-mère m'appelle à six heure du matin, ma mère aussi, elles s'inquiètent. Je m'endors d'épuisement pour me réveiller à huit heures. » Le lendemain, j'ai vu les gens qui déposaient des fleurs et des bougies devant le restaurant. »*

Les émotions et le stress ressentis par le patient lors de cette nuit vont produire une rechute de son agoraphobie. En effet, avant les attentats, il avait réussi à apprivoiser ses peurs quant à ses déplacements dans Paris. Il nous fallait donc retraiter au plus vite cet épisode déclencheur de rechute. A l'aide des mouvements oculaires, nous avons abordé, puis retraité l'ensemble des points de perturbation jalonnant son récit: L'annonce faite par son patron, les sensations physiques éprouvées, la vision des passants courant affolés dans les rues de Paris...etc.
En conclusion, suite à des attentats de cette ampleur, une psychothérapie EMDR peut apporter, d'une part un soulagement immédiat des symptômes et d'autre part, la guérison des souffrances accompagnant le traumatisme.

Après l'événement du treize novembre: ce "quelque chose" qui a changé...

Mais que se passe-t-il véritablement dans notre société et en chacun de nous depuis l'horreur ? Dans le fond, sommes-nous si bien préparés à vivre en temps réel, n'est-il pas préférable de vivre dans l'ignorance de ce qui fait irruption minute par minute dans notre conscience comme dans notre mémoire?

Sur le plan collectif:
C'est une solidarité non feinte qui s'est constituée au fil des jours et des semaines suivant les terribles événements. *« Je sens moins d'agressivité dans les files d'attente »* me disait un habitant d'une ville moyenne. L'impact du traumatisme n'est donc pas essentiellement "parisien". Il touche toute la population française. Un autre me disait *« moins de fébrilité et ...plus de regards échangés, vous ne trouvez pas ? »* Ce qui apparaît ici ressemble à un souci pour l'autre, car au-delà de soi, chacun est en danger potentiel. Cela peut arriver à n'importe qui et le n'importe qui, n'est-ce pas moi ?
Une sollicitude, mêlée de respect pour la vie humaine. *« Au revoir, merci, à bientôt, je vous en prie...etc. »* les marques d'attention et de politesse prolifèrent et indiquent bien le souhait de ne pas heurter son prochain, de lui accorder plus de place, de hauteur, de considération.
Soumis au même risque de choc émotionnel, de perte, ou de mort, chacun d'entre nous traite avec son prochain d'égal à égal.

Au Bataclan, à la terrasse des cafés, parisiens, aucune distinction de statut social. Rien que des vivants buvant, écoutant, dansant et chantant. Une solidarité réelle se fait jour invitant les individus à rechercher, établir une proximité qui faisait défaut jusqu'alors. Pas de haine gratuite, être gentil au bon sens terme, sans hypocrisie. Se rassembler pour avoir moins peur, sans contrainte, dans un état de grâce facile et partagé. Dans le visage de l'autre apparaît maintenant quelque chose qui s'oppose au mépris, à l'agressivité, à la violence. Bien plus, des hommes et des femmes qui, dans leurs regards manifestent le refus du silence, de la soumission, de l'enfermement, de la peur.
Rien n'est plus comme avant parce que tout est "plus" qu'avant.
Il convient de s'arracher aux pensées ténébreuses pour se promener avec son chien ou ses enfants, appeler ses amis sans tarder, et boire une bonne bière à la terrasse des cafés de France et de Navarre. C'est donc ainsi que se dessine le "nouvel état d'esprit" de la communauté française que soulignent les médias sans pouvoir le définir précisément et que nous avons tenté modestement de faire dans ce premier mouvement de compréhension.

Sur le plan individuel: *« Depuis ces événements, j'ai changé. Je ne suis plus la même. J'ai les pieds sur terre. Je suis devenue adulte. Moins dans l'idéalisation ».*

C'est une femme de trente et un an ans qui me dit cela, avec beaucoup d'émotion et de détermination. Immédiatement, je cherche sans trouver de sens à ces mots. Qu'est-ce cela peut bien vouloir dire ? Son visage, dans la pénombre me semble bien plus grave que d'habitude. J'entends derrière le ton de la voix un *« Soyons sérieux à présent »* et je sens qu'elle me parle d'elle, de sa vie, de son avenir.

Tous ces morts fauchés par les kalachnikovs ont-ils provoqué en elle une prise de conscience personnelle sur la manière dont elle a regardé le monde? Il faut croire ou en tous cas le supposer. Loin d'être perceptible, je veux croire que ce changement gagne en profondeur et se propage vers d'autres. Oui car en l'écoutant, j'écoutais tous.

Ces corps entassés les uns sur les autres, criblés de balles, dans le silence de la salle où viennent sonner des appels de portables sans réponse...

Scène macabre non loin de son domicile où, assise bien confortablement devant sa télévision, quelque chose vient de basculer. Ce qu'elle entend en boucle retentit encore et encore pour sonner enfin le glas de l'insouciance et de la désinvolture.

La magie de l'illusion, du jeu, du fantasme disparait pour laisser la place à cette parole ô combien lourde de conséquences *« Je suis devenu adulte »*.

A partir de cette affirmation, va-t-elle observer le monde avec suspicion, prudence ou au contraire avec sollicitude et compassion ? A moins de le considérer, ce monde, avec toute la légèreté et la désinvolture souhaitée ou alors doit-on y voir un raidissement de la pensée, son mûrissement, son insouciance ? Le choc émotionnel ressenti après ces événements dramatiques remet le curseur des relations familiales amoureuses et amicales au bon niveau. Il s'agit de se poser les bonnes questions, et celles-ci méritent désormais des réponses claires et définitives. La soudaine angoisse de perdre la vie donne à celle-ci une couleur particulière ou chaque découverte, rencontre, intimité prend soudain tout son sens. Être, avec modestie, sur le terrain de l'action, du concret. Grandir, au milieu des autres parfois égarés, sans fausse espérance, ni subterfuge, voilà la vérité qui se fait jour.

Vivre avec la sensation nette de commencer tout juste à vivre, voilà ce que les récentes catastrophes livrent comme secret. Le massacre, dans son infamie, permet de prendre du recul et donne à réfléchir sur sa propre condition, son histoire, violente, impossible.

6

Les perturbations de la vie relationnelle, affective, émotionnelle

Mauvaise estime de soi et jalousie

Il ne faut pas se laisser abuser par les demandes initiales des patient(e)s, car derrière elles se cachent souvent des souffrances qui méritent d'être traitées avec le plus grand soin et sans délai.
A cet effet nous avons reçu, dans le cadre d'une thérapie EMDR, une patiente âgée de vingt-six ans, souhaitant travailler sur sa jalousie maladive car à certains moments, elle a le sentiment de " perdre la tête", véritable torture pour son psychisme.

Analyse de notre cas

La patiente semble très autonome et travaille dans la comptabilité. Pour la seconde fois de sa vie amoureuse, elle suspectait son second ami de la trahir en la trompant. Elle surveillait le moindre de ses appels, analysait les messages et numéros de téléphone de son portable, se rendait chez lui, la nuit afin de le surprendre en galante compagnie...etc.
Et quand, pour une raison ou une autre, son amant refusait d'avoir une relation sexuelle, prétextant une fatigue, elle prenait cette conduite pour une preuve de son infidélité, car cela signifiait qu'il trouvait son plaisir ailleurs, dans d'autres bras que les siens.
Son amoureux subissait ainsi de nombreux interrogatoires qui se transformaient rapidement en conflits ouverts, disputes et violences verbales. Au sein du couple l'atmosphère devenait irrespirable, et ils se trouvaient tous les deux dans une impasse. Elle pensait donc, en venant en consultation, guérir de cette jalousie maladive empoisonnant son existence. Son objectif était de guérir afin de permettre alors au couple d'envisager l'avenir avec plus d'assurance, de confiance.

L'anamnèse révèle autre chose des éléments de sa vie à considérer.
Au cours de son enfance et adolescence ses parents la critiquent et lui attribuent des qualificatifs désobligeants du type: *tu ne sais pas te tenir, tu es grosse, maladroite dans son ton quotidien,...etc.* Mots qui la dévalorisent lui font mal, et dont elle souffre. Elle ne sent pas suffisamment aimée pour elle-même. Ses parents n'apprécient pas les efforts qu'elle fait sur le plan de ses études par exemple

où elle ramène pourtant les meilleures notes. Le sentiment d'injustice naît alors et conduit au sentiment de jalousie pour la cousine vers laquelle les meilleures appréciations convergentes.
Ce sentiment de jalousie ira en se développant vers toutes celles qui possèdent des qualités qui semblent lui manquer. Une croyance négative sur elle prend racine ici autour de : *je ne suis pas... ou je n'ai pas...*

Autre cible à traiter

Un autre contexte d'un sentiment de jalousie exclusive, celle provoquée par la mère.
Alors petite, dans la salle de bains, elle assiste à la scène suivante :
L'amant de la mère (séparée du père) qui lui passe sur le dos nu du lait après-soleil. Pour l'enfant, quelque chose se brise, se défait alors du rapport fusionnel, exclusif, sans partage avec la mère.
La jalousie prend naissance ici, à l'égard de celui qui possède l'objet éperdu de son amour. Mais voici qu'une autre se dessine aussi, envers la mère qui reçoit les caresses d'un homme.
La petite se dit « *et moi là-dedans, qu'est-ce* que *je deviens, quelle est ma place ?* » Rien ne sera plus comme avant, car sa mère ne la regarde plus. Désormais, elle ne représente plus rien aux yeux de celle qui était sa confidente privilégiée, qui la couvrait d'amour, de baisers, de caresses.

Que se passe-t-il alors pour l'enfant ?

Une blessure narcissique altère maintenant le sentiment d'amour, d'estime de soi, autrefois alimenté par le regard aimant de la mère. Il se développe une fragilité psychologique conduisant l'enfant à ne pas se faire confiance, à se dévaloriser souvent, auprès de ses amis à l'école, par la comparaison "*elle vaut bien mieux que moi"* comme nous l'avions déjà observé dans la première cible traitée. Non seulement la petite fille se sentira alors abandonnée pour toujours, mais elle l'associera à une non reconnaissance, un rejet pour ce qu'elle est, c'est à dire une personne manquant de qualités.
Dans les deux cibles traitées, on peut noter que le sentiment de jalousie côtoie le sentiment de non reconnaissance. Il y a là un lien étroit entre les deux éprouvés, résumés ainsi:
« *Je suis jalouse parce que je ne suis pas reconnue, digne d'intérêt, d'affection, d'amour* ».
Comme si, en situation où le sujet n'est plus au centre de l'attention (et plus encore lorsqu'il est dévalorisé) la mauvaise image de soi le conduit à jalouser celui ou celle vers lequel se portent l'amour, l'attention et la reconnaissance. Tout ce qui ébranle, attaque et fragilise le narcissisme rend possible le développement de la jalousie.

Revenons à notre cas

Adulte, quand un homme l'aimera à nouveau, une nouvelle image de soi est retrouvée, où elle reprend possession de la valeur de sa complétude. Mais il suffit d'un grain de sable pour que cet ordre bascule, qu'un doute à l'encontre de l'être aimé vienne perturber l'édifice amoureux construit. Un seul motif de jalousie ressuscite l'angoisse de la perte comme resurgie le manque de confiance en soi, la dévalorisation de son image "*Je ne suis pas assez belle*".
Ce sont bientôt des sentiments mélangés : Je suis trahie, je suis une pauvre fille, je ne mérite pas d'être aimée qui apparaissent et aboutissent aux manifestations et symptômes du désarroi (visite à quatre heures du matin au domicile de son amant), troubles de l'anxiété (perte du sommeil) et crises dépressives (perte de l'appétit, prostration).
On constate que la jalousie peut avoir des conséquences néfastes à la santé psychique et physique des patient(e)s en général.

Le processus thérapeutique EMDR mis en œuvre a permis à la patiente de se dégager de cette gangue qui la maintenait attachée à ses expériences émotionnelles négatives, en lien avec son passé. Les deux cibles retraitées ont été profitables à une prise de conscience véritable de sa problématique. La jalousie actuelle, telle qu'elle se présente dans sa véhémence, doit faire l'objet d'une compréhension plus profonde de la patiente, articulée avec une mauvaise image de soi, inscrite dans un rapport avec les parents ou la fratrie. Image de soi et jalousie sont étroitement liées. Une jalouse se dévalorise en se comparant aux autres autant qu'une mauvaise estime de soi la rend jalouse.

Quels ont été nos résultats ?

Le retraitement des deux cibles : La jalousie envers sa cousine et la jalousie à l'égard de l'amant de sa mère a permis une visibilité d'un développement émotionnel négatif, celle d'une mauvaise image de soi et de la jalousie. La patiente s'est accordée le temps nécessaire de la réflexion pour dénouer les fils de sa problématique et décider de poursuivre ou de mettre fin à sa relation amoureuse. Relation toxique, dont il lui fallait dégager et comprendre les mécanismes complexes, lesquels prenaient leurs sources dans son passé.

Du manque affectif à la compulsion d'achat

Présentation du cas:

Alors qu'elle était au centre des attentions de ses parents, la patiente se trouve à la naissance de son frère, de trois ans son cadet, délaissée. Elle se sent moins entourée, gâtée, choyée, aimée.
La raison en est que le frère, difficile, rréclame de la part des parents, plus de soins et d'éducation. Extrêmement nerveux, un sommeil agité, des cauchemars, capricieux, caractériel, devient persécuteur envers sa sœur. Dès lors, la patiente disparaît du champ affectif du couple parental. Selon ses propres mots, *« je ne comptais plus »* pour n'occuper, au sein de la famille qu'une place de second plan.
Dans le souci de rendre les choses plus faciles pour les parents, très sollicités par le frère, l'enfant va s'efforcer, tout au long de son développement ultérieur de se faire petite, répondre à ce que l'on attend d'elle. Ceci sans opposition ni révolte. Image d'une enfant docile, effacée, soumise.

Cette position rendra plus facile l'abus sexuel dont elle fera l'objet à l'âge de huit ans de la part d'un cousin, période d'instabilité psychologique en lien avec le divorce des parents. Elle affirme avoir souffert durant deux années de la présence à la maison du nouveau compagnon de sa mère. De sept ans son aîné, le cousin profitera de sa faiblesse psychologique, sa docilité et de son désarroi, pour obtenir une fellation, un soir de jeux et d'échanges de petits câlins.
Retraitée en EMDR, cette situation ne provoquera chez elle aucun trouble particulier.
Elle avait accepté la demande de son cousin avec la plus parfaite tranquillité. *« Je souhaitais simplement lui faire plaisir »* me confia-t-elle.

Ces comportements et attitudes entrainent le développement d'un faux moi se substituant alors au vrai moi, spontané et naturel, constitué lors des trois premières années passées avec les parents.
Ce "faux self " (D. Winnicott) poli arrangeant, sacrifié. Par exemple, lorsque sa mère, en des heures sombres de solitude, les faisait dormir dans son lit, elle, et son petit frère, elle s'allongeait au pied de celle-ci afin de leur offrir à tous deux plus de confort dans le lit.
Cet effacement, cette disparition de soi détermine une croyance énoncée en ces termes par la patiente lors de notre rencontre : « *Je suis fade* ».
A l'âge de vingt ans, un fait majeur donne raison à cette croyance et l'enracine plus encore. En effet, après une relation amoureuse de six mois, c'est la rupture ou son amoureux lui dit : "Je ne pourrais jamais t'aimer ". La patiente tombe dans une profonde dépression.

Par la suite, désorientée, et manquant de confiance, elle se donne sans amour aux hommes rencontrés sur Internet. Elle ne se protège pas.

Je l'interroge donc sur ce point:

- " *Pourquoi ne demandez-vous pas à votre partenaire de mettre un préservatif ?*
- *"Je n'osais pas demander."*
- *"Mais comprenez que vous mettez votre vie en danger. Cela ressemble à de l'autodestruction."*
- *(Elle s'effondre en pleurant) oui, je voulais mourir, mourir !"*

Dans le cadre de la thérapie EMDR, un scénario du futur lui est donc proposé afin de se dégager de cette posture périlleuse. Elle se projette ainsi dans la situation pénible où elle exige d'un partenaire sexuel, la prise d'un préservatif. La thérapie suit son cours avec de nombreuses manifestations somatiques (boule à l'estomac, douleur au plexus solaire, gorge serrée) et une difficulté à respirer naturellement qui, selon nous, rendent compte de la difficulté à exprimer ses opinions et ses émotions. Mais, au fil des séances et avec la répétition d'exercices, la respiration se fait plus fluide, naturelle et plus ample. Quelque chose en elle se dénoue.

Lors d'une de nos séances, elle exprime alors une demande explicite: Guérir de ses "*achats compulsifs*" qui la conduisent vers des fins de mois difficiles, toujours à découvert.

Hypothèse: la demande initiale qui concernait la problématique de la fellation cachait sans doute cette autre demande, laquelle nécessitait, pour elle, d'être plus à l'aise dans l'alliance thérapeutique. Comment travailler avec cette addiction d'achats, dont elle comprend toutefois la folie, la pathologie? En effet, après chaque achat effectué la veille, elle se réveille le lendemain matin en regrettant ces vêtements achetés, se faisant des reproches. Les achats n'ayant plus aucun intérêt pour elle. Pour aider la patiente à faire le lien entre le manque affectif et l'achat compulsif, il convient de faire avec elle, de la psycho- éducation.

« Pour combler le manque affectif subi, on s'attache à acquérir, à posséder, à combler et à remplir ce vide par n'importe quels moyens. L'achat à outrance joue ce rôle de compensateur de besoins affectifs non satisfaits de l'enfance. Par l'achat, vous arrachez de manière éphémère et provisoire un peu d'amour et de plaisir que vous vous octroyez à vous- même.»

L'information transmise s'avérera compréhensible pour la patiente, et offre un double intérêt: prendre conscience de son trouble, de son addiction qui la conduit à entrer dans telle ou telle boutique pour acheter ce qui lui plait et développer la capacité à freiner ses achats, qui apparaissent alors comme non justifiés par la nécessité.

Observons les effets de cette intégration thérapeutique huit jours après cette dernière séance. La patiente revient donc en séance, et m'annonce que depuis notre dernier entretien, elle a le réflexe d'associer tout désir d'achats à une question : *« que cherches-tu à remplir ? »* Réflexion positive freinant l'impulsion immédiate d'achat, cependant la pensée d'un tel acte persiste parfois.
Exemple: la tentation demeure d'acheter une paire de lunettes de soleil (alors qu'elle en possède trois) aperçue dans une vitrine. Ce qui apparaissait comme inévitable avant la dernière séance n'est plus d'actualité. Voilà que l'achat est différé à deux mois. Elle avoue se renseigner sur internet afin de comparer les prix. Cette recherche d'information sur le produit rend compte d'un progrès réel par rapport à la compulsion d'achat qui se joue toujours dans l'ici et maintenant d'un manque ressenti.
Désormais, des arguments rationnels autour de l'achat se substituent alors au désir de remplir un vide affectif. Ainsi l'urgence de céder à la compulsion s'éloigne.

Afin de vérifier la nature de blocages possibles en présence de la situation d'achat compulsif, nous décidons d'utiliser le scénario du futur dont l'objectif est de projeter la patiente sur la situation stressante: L'entrée dans une boutique sans comportement d'achat compulsif.
Les mouvements oculaires produisant leurs effets, réveillant le désir compulsif associé à une sensation d'angoisse. Ces manifestations disparaissent pour laisser la place à de légères oppressions thoraciques. Le mot *"frustration"* arrive alors qui ramène la patiente à d'autres frustrations, celle de ses besoins non satisfaits.
Elle évoque aussi un exemple récent d'une frustration de besoin de compréhension:
A l'approche de son anniversaire, elle prend le soin d'exprimer expressément le souhait auprès des membres de sa famille, d'éviter de lui offrir un bijou provenant d'une certaine marque. Que ne fut sa description lorsqu'elle reçut le fameux bijou dont elle ne voulait pas entendre parler et qu'elle accepte, la mort dans l'âme, en silence. Ce type de situation renforce cette idée d'être incomprise, mal aimée.
On comprend que ce vide affectif la conduisant inévitablement vers sa soif d'achats.
Il s'agira, lors des séances suivantes de travailler encore avec l'EMDR sur la problématique de la frustration de ses besoins affectifs au cœur de ses achats compulsifs.

De nombreux éléments sont réunis par ce cas pour penser une thérapie des shémas tel que Jeffrey E. Young l'a définie (2003): Des expériences de vie précoces qui ont contribué à la constitution de schéma inadapté. La présentation de ce cas clinique montre que la frustration des besoins de stabilité, de compréhension ou d'amour conduisent à la formation des schémas tels que le manque affectif ou le sentiment d'abandon avec l'instabilité.
Ces deux shémas sont ici associés à la source psycho-pathologique de la compulsion d'achat.

Conclusion :

Avec la psychothérapie EMDR, quels sont les bénéfices apportés à la patiente ?

- La capacité à mieux gérer son stress en respirant avec calme.
- La levée d'un doute sur sa culpabilité d'avoir accepté et commis une fellation.
- La diminution notable de sa compulsion d'achat depuis presque deux mois.
- La volonté nouvelle de se protéger avec un préservatif, lors de relations sexuelles.
- L'identification et la prise de conscience de comportements et attitudes de soumission envers les autres.
- Les moyens permettant de s'affirmer dans ses relations (renforcement des cognitions positives)

Ajoutons que chez un sujet, un manque affectif ne produit pas nécessairement des achats compulsifs, mais s'oriente, de manière compensatoire, vers des addictions (tabac, sexualité, jeu, drogue) ou toute autre activité exercée à outrance (le travail, le sport).

Mensonge, trahison, humiliation

La psychologie des êtres humains est ainsi faite que, chaque évènement de la vie peut y être perçu de manière plus ou moins sensible. En effet, si un individu, très tôt dans son développement psycho affectif réagit devant l'injustice ou la cruauté, il n'en sera pas de même pour un autre, plus neutre ou indifférent. Sa sensibilité semble alors moins affectée. On doit considérer que chaque personne agit et réagit, devant les éléments de la vie, de sa propre vie en fonction de ce qu'il ressent. En ce domaine, il n'y a pas de moi universel.

La trahison et le fait d'être trahi entre dans le champ de ces nombreux traits (Égocentrique, défaitiste, vulgaire, irrespectueux, rigide....) sollicitent et choquent plus ou moins la sensibilité de nos patient(e)s. Bien au-delà de la sensibilité affectée par ce sentiment, saisissons toute la portée et le sens de la "trahison" voyons véritablement ce que le mot même représente par ses antonymes, ainsi, à l'opposé, nous disons : Aide, constance, fidélité, foi, loyauté. Se sentir trahi, c'est donc tout à la fois, perdre la stabilité, l'équilibre et la profondeur d'un rapport à l'autre.

La peur de la trahison, quant à elle anticipe un choc émotionnel redoute et se construit, soit sur un sentiment qui a déjà été éprouvé par le patient, en lien avec une histoire personnelle ou la trahison tient le premier rôle, ou sur des valeurs de loyauté et de confiance réciproque qui risquent d'être remises en cause de manière définitive. On doit faire aussi faire l'hypothèse que plus l'attachement aux principes moraux est élevé, plus la trahison acquiert de la densité, de la force. De cette plongée dans le champ psychologique de la trahison, la sensibilité à celle-ci s'en trouve puissamment accrue. Dans les deux cas observés plus haut, ce n'est pas seulement la confiance accordée à l'autre qui est atteinte, détruite, mais une certaine confiance au monde. Désormais la méfiance d'une possible trahison hante toutes les relations sociales du sujet. Autre menace associée à la trahison, qu'il convient de relever. L'idée que la trahison, à partir du moment où elle est effective et jusqu'au moment de sa découverte, rencontre alors le mensonge. Trahir conduit à mentir inévitablement. Celui qui trahit a abusé de la confiance accordée par un autre. On peut mieux le comprendre quand, à l'annonce d'une trahison, le sujet dit *« tu m'as menti jusqu'à présent ! »* plutôt que *« tu m'as trahi tout ce temps!».* Dans l'esprit du trahi rode toujours la possibilité du mensonge.

Nous allons présenter le cas d'une patiente venu consulter dans le cadre d'une psychothérapie EMDR. Âgée de trente-neuf ans, elle souhaite soigner une peur, d'une obsession pathologique d'être trahie. Nous lui proposons de nous préparer une liste d'événements de sa vie qui ont occasionné le sentiment d'être trahie personnellement. Puis d'ajouter à cela une autre liste concernant des situations dans lesquelles d'autres personnes ont été trahies. Cette seconde liste permettra de vérifier la pertinence des valeurs d'honnêteté et morales associées au sentiment de trahison.
A notre grande surprise, alors que l'on s'attendrait à lire la description de ses propres infidélités, apparaît quelque chose qui ne la concernait pas directement.
« *Lorsque j'ai découvert vers dix onze ans que ma mère fumait bien que ce soit occasionnel (elle ne l'a jamais avoué encore à ce jour).A quinze ans, pendant les funérailles de ma grand-mère, mon père découvrait que ma mère le trompait pendant la période d'hospitalisation de ma grand-mère en soins palliatifs; A dix-neuf ans, infidélité du premier petit ami...etc.* »

Voici donc, et dès les premières lignes une exigence absolue de vérité dont la patiente est porteuse. Se cacher pour fumer et ne pas l'avoir avoué jusqu'â ce jour renvoie à un manque de loyauté irréparable. On note aussi que l'infidélité de la mère, est rendue plus insupportable parce qu'elle s'inscrit dans un contexte particulier: l'agonie de la grand-mère maternelle. La trahison se voit attribuer alors un caractère d'irrespect, d'indécence.

Il convient aussi d'associer à la trahison, le mensonge. Celui-ci, inséparable compagnon de route de la trahison inavouée. Le mensonge cesse lors de la découverte de la vérité, mais il continue d'être rappelé comme un leitmotiv de condamnation irrémédiable: *« tu m'as menti pendant tout ce temps, donc tu peux mentir encore et toujours! »*
Chez la patiente profondément meurtrie par la trahison de la mère, et plus tard, elle-même, atteinte par le traumatisme de la trahison, quelque chose se défait de la confiance accordée à l'autre.

Autre conséquence directe de cet acte jugé odieux envers elle, c'est l'humiliation éprouvée. Celle-ci marque le désastre de la personnalité. L'humiliation, souffrance ultime culmine au terme des sombres méandres de la cachoterie, des faux fuyants, des discours justificatifs, puis de la brutale découverte. En fait, et c'est bien ce que nous avons compris ensemble aux cours de nos entretiens, l'humiliation semble constituer le ravage le plus puissant, un choc émotionnel qui plonge la patiente dans une négation totale d'elle-même, réduite au néant. On doit considérer alors que le risque et la peur de l'humiliation, dont il convient coute que coute de se protéger, se profile derrière le mensonge, la trahison.

Du coup, que se passe-t-il dans la réalité de la relation avec le deuxième partenaire rencontré ? Le premier l'ayant trahie comme indiqué dans le texte plus haut. Cette infidélité à son égard développe la croyance irrationnelle que la trahison rode toujours dans ses relations affectives et amoureuses. Désormais, plus rien n'est sûr. Le doute, l'anxiété, la peur de la trahison s'installent dans la pensée, comme un cancer gangrène le lien de proximité, la confiance en l'autre. Depuis deux ans, une nouvelle relation amoureuse est marquée par des ruptures et réconciliations. Toute croyance irrationnelle se nourrit d'éléments perçus par le sujet comme autant de preuves renforçant un fait d'existence. Pour la patiente, chaque geste, attitude et conduite du partenaire amoureux sera interprété à la lumière d'un filtre déformant celui du mensonge, de la trahison, avec, pour aboutissement le désastre de l'humiliation.

Examinons les éléments apportés par la patiente qui l'entraînent vers la suspicion, envers son partenaire, et dont elle veut pourtant guérir.
« Il me sort beaucoup....cela fait beaucoup de dépenses...et il ne veut pas que je partage les frais avec lui. Il y tient absolument. Comment a-t-il autant d'argent ? Il travaille dans une entreprise publique. Il ne gagne pas des sommes astronomiques. Il ne répond pas à mes questions quand je lui demande comment il fait. Il me ment. Je ne peux pas avoir confiance en lui. Il me cache la vérité... comment puis-je être sure qu'il n'a pas une autre femme dans sa vie ? »

Il suffit que se présente une situation anormale, ambiguë pour que la patiente l'interprète dans le sens d'une duperie, d'une ruse à son encontre. Si quelque chose, ici dans le discours lui échappe, c'est toute la vérité, l'équilibre de la relation de confiance qui se voit remise en question.
On constate qu'il en faut peu pour justifier une croyance irrationnelle. Une logique de pensée implacable se met en place afin d'évacuer tout discernement et raisonnement sur la situation. Seul persiste et dure, chez le sujet le sentiment subjectif, intime et profond de la suspicion.
Disons les choses comme cela:
« Si il ment, c'est qu'il me trahit, si il me trahit, je vais souffrir les affres de l'humiliation. »
Ainsi toute relation sentimentale porte en elle la hantise du mensonge, de la trahison, de l'humiliation tant redoutée. Dans l'esprit de la jeune femme, les trois notions sont indissociables.
Les séances se succèdent et n'apportent pas d'amélioration sur les conflits qui l'opposent à son amoureux. C'est un va et vient permanent entre séparation et réconciliation. Mais la patiente a pris conscience de sa responsabilité dans la situation d'impasse dans laquelle elle est plongée depuis trois années. Ses colères injustifiées, sa jalousie, son idéal amoureux non atteignable...

Une autre hypothèse théorique reste à considérer, celle développée par la psychanalyse.
S'inscrivant dans l'histoire, selon nous, d'un complexe d'Œdipe non résolu, la patiente se sent inconsciemment dans l'univers fantasmatique de l'amour du père et de la haine/jalousie de la mère. Cet Œdipe non résolu, parce que derrière une possible rivale se cache toujours une mère qui prend possession du père, c'est à dire son amoureux. C'est ce "père" qui lui est encore volé et qui se rend chaque nuit dans la chambre de la mère. C'est ce père qui se trouve au centre de la problématique de la trahison. *« Mon père, mon amant me trahit sans relâche »* dit son inconscient. Quelque chose se rejoue de cet Œdipe qui explique la colère avec laquelle elle va s'en prendre à sa mère pour ce qu'elle a fait à son père. La patiente est restée fixée comme l'enfant d'alors, dans le triangle œdipien. Elle ne peut voir en son amant qu'un père auquel, elle ne peut accorder sa confiance.

L'EMDR n'ayant pas donné les résultats espérés, nous faisons le choix d'expliquer à cette patiente notre hypothèse théorique: La non résolution de son complexe d'Œdipe. Choix que les psychanalystes trouveraient scandaleux, car c'est le sujet lui-même qui, par l'analyse, doit faire cette découverte.

En conclusion

Quelles perspectives de guérison s'offrent à la patiente, comment sortir de cet emprisonnement qui la condamne à la suspicion permanente envers toute relation amoureuse ?
Prisonnière de son passé, de la toute-puissance de son jugement, de son extrême exclusivité et possessivité, la psychothérapie s'attachera à travailler davantage les processus et mécanismes inconscients qui sont à l'œuvre dans sa vie amoureuse.

7

Diverses applications de l'EMDR (soins palliatifs, deuil, burn-out…etc.

L'EMDR dans les soins palliatifs

En phase terminale, dans quelle mesure un malade peut-il avoir besoin d'une telle psychothérapie ? Comment comprendre cette demande chez une personne qui n'a apparemment plus rien à attendre de la vie? Sans doute que le désir désespéré de guérison, le soin apporté à la pensée, la vie émotionnelle, au seuil de la mort, est la seule et dernière manière de lutter encore soi-même pour obtenir un apaisement. Par ailleurs, bien des psychologues d'hôpitaux formés à l'EMDR se trouvent confrontés, dans les unités de soins palliatifs, à l'imminence de la mort des patients.
Que font- ils avec ce qu'ils ont appris de l'EMDR ?
Les protocoles utilisés sont-ils adaptés ou insuffisants pour répondre à une demande de mise au clair avant de partir ou bien de soulager une perte innommable de ceux qu'ils accompagnent ?
Pour l'instant et à notre connaissance, il n'existe aucun protocole EMDR spécialisé pour travailler en unités de soins palliatifs. Francine Shapiro, la fondatrice de la méthode, a écrit un article intitulé « Le rôle de la psychothérapie EMDR en médecine : traiter les symptômes psychologiques et physiques issus d'expériences de vie défavorables » (2014). Elle n'y aborde pas l'application de l'EMDR aux soins palliatifs, mais elle en souligne néanmoins l'utilité pour les proches lors du décès d'un patient.

Si certains rejettent, par scepticisme, la nécessité d'un tel apaisement, il reste que pour d'autres cet apaisement souhaité se déploiera, au regard de chaque histoire singulière sur trois dimensions: passé, présent, et futur. A côté de la souffrance portée par la maladie elle-même, il existe une autre souffrance, plus souterraine, intime, qui touche à la vie morale et émotionnelle.

- Dans son rapport au passé, le patient souffre encore de ses expériences malheureuses, de remords, de sentiments de rage et de colère, etc. ceux-ci non traités, constituent un fardeau psychique supplémentaire dont il convient de se débarrasser.
- Dans son rapport au présent, le patient souffre de perturbations émotionnelles, d'événements récents l'ayant fortement perturbé parce qu'en raison de son état, il n'a eu, en raison de sa maladie, aucune prise pour les éviter. Aussi il éprouve, dans "l'ici et maintenant" de situations

non conformes, empêchements, manquements, frustrations affectives, et par conséquent, sentiments de solitude et d'abandon.

- Dans son rapport au futur. Bien que l'on puisse s'étonner d'un tel rapport, le souffrant, en l'absence de toute connaissance de son futur après la mort, peut prendre peur, celle-ci dont il convient de relever le caractère non systématique. Et son angoisse, souvent silencieuse, rend les choses plus difficiles, pour lui comme pour ses proches.

L'EMDR possède la capacité à intervenir sur ces trois niveaux du temps: passé, présent, futur.

- *Retour vers le passé*

Le protocole standard est le plus adapté pour retraiter de souvenirs traumatiques qui semblent ternir, assombrir la fin d'une existence. A titre d'exemple: « *Vais-je partir avec la pensée terrible de cet inceste qui ne cesse de me hanter jusqu'à aujourd'hui* ? » se dit la femme dont les jours sont comptés. Guérir encore et par-dessus tout de ce terrible secret, dont, au seuil de la mort, on veut se défaire.
En vérité, il s'agit de remettre les compteurs à zéro, de quitter ce monde ici-bas, en quelque sorte *purifié* de la honte, du ressentiment, des blessures inavouables.
Selon la détresse en lien avec les événements du passé, pardonner ou se faire pardonner d'actes et de paroles encore difficiles à vivre.

- *Un présent difficile*

La disparition de la vie peut surgir à n'importe quel moment et en attendant, vers qui se tourner? Quelle est la main secourable que le mourant tient à tenir ; une oreille attentive pour entendre les défauts d'une prise en charge et une médicalisation mal organisée ? Où sont passés les yeux aimants qui apportent réconfort et soulagement ?

L'EMDR vient ici identifier, puis retraiter les manques invisibles et les souffrances affectives du present. Le psychothérapeute se présente ici comme l'interlocuteur privilégié du malade.
Devant la perte de repères et le désarroi de celui qui va bientôt mourir, le psychothérapeute peut selon les circonstances faire des suggestions afin de l'aider à se positionner, à faire des choix, malgré un futur qui se rétrécit: Y' a-t- il des désirs particuliers? Quelque chose ou un message à transmettre ? (formulations de G. Meunier, médecin et praticien EMDR)

Les mouvements oculaires lents viennent alors renforcer toutes les émotions et pensées positives en lien avec des situations et satisfactions du moment ; sans oublier les rêves agréables qui doivent aussi donner lieu à des renforcements de la part du thérapeute.

Autre question : si on suppose que le diagnostic de la mort soit posé de manière irrémédiable, à échéance de six mois par exemple, comment préparer le malade à cette fin de vie ? Comment envisager avec la psychothérapie EMDR, comme le suggérait un confrère, l'acceptation sereine de la mort ? A ce propos, une réponse me fut donnée un jour par un ami artiste peintre, poète et conteur. Alors qu'il veillait son père mourant depuis deux nuits, et qu'il l'écoutait répéter inlassablement « *je ne veux pas mourir* », il me confia son explication « *Tu vois, les artistes n'ont pas peur, parce qu'ils ont plus d'imagination pour affronter l'imminence du passage vers la mort* ».

Cette acceptation sereine peut-elle être pensée et articulée avec une vision du futur, ou complètement séparée d'elle ? Dans le second cas, le patient n'aurait vraisemblablement pas besoin de l'EMDR parce qu'il se tient dans une posture philosophique sans concessions (bien qu'il lutte de toutes ses forces afin de ne pas avoir peur) pour l'événement de la mort qu'il regarde avec froideur et mépris. Il a vécu et il meurt sans l'espoir de vivre quelque chose après la mort ; fondamentalement il n'y croit pas. En cela, son acceptation sereine de la mort s'appuie sur l'idée qu'il vient du néant et qu'il y retourne sans autre forme d'émotions et d'attentes au-delà du réel.
C'est pourquoi une psychothérapie EMDR serait mal acceptée. A quoi bon, se dit-il.

A l'inverse, d'autres patients sont plus réceptifs à l'idée d'une dernière expérience où se construit une nouvelle relation avec un thérapeute pour affronter la fin de vie. Ajoutons à cela que la forte angoisse du patient à l'approche de la mort, offre la possibilité d'une intervention thérapeutique en EMDR.

Celle-ci conduisant le malade il faut l'espérer à une acceptation sereine de la mort.
Dans cet objectif d'apaisement de la mort imminente ou à venir, comment procéder ?

- Faciliter la projection dans le futur à partir de la vision, sur le chemin du fameux "tunnel" d'un ou d'une accueillante dans l'au-delà. Un enfant à la main tendue peut jouer ce rôle d'intermédiaire vers l'inconnu. Pratiquer des mouvements oculaires sans poser trop de questions afin de laisser libre cours aux images, émotions et pensées du patient. Il convient de cesser immédiatement si celui-ci ressent des effets négatifs.

- Entreprendre la projection vers le futur, sans support défini préalable, en invitant le patient à "franchir le gué", débarrassé de sa souffrance actuelle. L'accompagner alors dans ce processus de découvertes étranges, ce voyage jalonné de rencontres anciennes ou nouvelles. Vous pouvez terminer cette approche en posant la question: « *Vous sentez-vous mieux maintenant?* » « Si oui », renforcés avec des mouvements lents.

Bien que la vie du patient s'achemine lentement vers sa fin, il possède encore, et malgré ses souffrances, quelques ressources dont il peut faire usage pour se dégager de la peur qui peut l'étreindre. Soulager autant que possible cette peur, cette angoisse de la mort, incombe aux soignants comme aux aidants, aux psychologues. Dans les services de soins palliatifs, il faut également accorder une place au soutien de la famille, laquelle confrontée avec la maladie mortelle peut être considérablement affectée. Cette souffrance que partagent les membres de la famille, au chevet du mourant mérite d'être aussi accompagnée et éventuellement traitée par la psychothérapie l'EMDR.
Il s'agit d'aborder les expériences médicales pénibles, les situations actuelles et les peurs de l'avenir. Francine Shapiro, dans son article intitulé « le rôle de la psychothérapie EMDR en médecine: traiter les symptômes psychologiques et physiques issus défavorables de vie défavorable » (Permanente Journal, 2014), cite, à propos d'une prise en charge du patient et de sa famille, le théoricien Guacimara « *Cela peut transformer les services de santé en un réseau de soutien pour le patient et sa famille, leur offrant de l'aide pour gérer la vulnérabilité émotionnelle associée à la vulnérabilité physique, et amortissant ainsi l'impact négatif dans le cas d'un état clinique qui se détériore.* »

Pour le psychothérapeute EMDR, il faut bien convenir que la crainte existe de provoquer une souffrance supplémentaire chez le patient. Ce qui conditionne l'approche et la qualité de la relation thérapeutique à mettre en œuvre. La prudence est de rigueur afin d'éviter un risque d'effondrement du patient. Ce travail thérapeutique réclame de la part du professionnel non seulement du courage, mais une grande solidité psychique. En effet, les personnes en soins palliatifs renvoient toujours celui-ci à ses propres angoisses de mort ou les mécanismes d'identification et de projection sont massifs.
Pour le psychologue prenant en charge des personnes en soins palliatifs, il s'avère nécessaire ici qu'un travail personnel doit se faire

Nous avons essayé d'apporter une contribution à la question de l'utilisation de l'EMDR dans les soins palliatifs. Dans ce cadre particulièrement sensible de la relation, le psychothérapeute doit faire preuve de prudence envers le patient afin qu'il décide lui-même de cette possibilité qui lui est offerte. Son adhésion est essentielle à la réussite de la thérapie.

Il s'agit, avec toute la modestie qui s'impose en pareil cas, d'encourager ainsi d'autres recherches et études sur ce sujet hautement délicat et sensible du deuil.
L'EMDR s'avère être un outil très efficace pour faciliter un deuil difficile, des protocoles existent et ils permettent d'entreprendre un vrai travail sur cette problématique. Mais pourquoi autour du deuil? Celui-ci est vécu de manière plus ou moins standardisé, avec un chagrin qui perd de sa force au fil des semaines, des mois, des années, à l'aide de médicaments ou pas, ou deuil ritualisé dans certaines religions, il se présente toujours comme étant propre à chacun.
Dans cette perspective nous proposons l'hypothèse que le deuil à faire se trouve conditionné par un certain nombre d'éléments que le thérapeute EMDR doit prendre en compte.

Nous avons ainsi analysé six éléments qui nous semblent essentiels dans la compréhension de la problématique du deuil et de son vécu chez le patient.

1. C'est celle du rapport psycho- affectif qu'entretenait l'endeuillé avec le défunt (lien de parenté, conjoint, durée de la proximité physique, relation amicale, identification à une personnalité disparue).
2. Les sentiments que l'endeuillé éprouvait pour le disparu avant sa mort (Haine, amour, ambiguïté, culpabilité, pitié, respect, ressentiment)
3. Les conditions dans lesquelles le défunt est mort (mort naturelle, accidentelle, suicide, maladie).
4. La personnalité de l'endeuillé qui jouera un rôle dans la manière dont elle vivra son deuil (fragile, dépressive, affirmée, logique, dépendante, narcissique, altruiste, sentiment de culpabilité ...etc.)
5. La vision que le porteur de deuil possède de la mort (spirituelle, agnostique, athéiste, philosophique, matérialiste)
6. Concerne l'annonce de la disparition du défunt. Comment le proche l'a -t-il entendu, appris ? de même, la découverte physique du décédé, dans quelles conditions s'est-elle faite ?

On peut donc constater, à partir de cette énumération que le vécu du deuil n'est pas chose aussi aisée à saisir. Suite à la disparition du proche, ces six dimensions vont alors se combiner et intervenir à des degrés divers dans l'émotion, le ressenti de la perte. C'est bien cela qui va donner une caractéristique particulière au deuil du patient. Par conséquent, chacun vit émotionnellement, physiquement et psychiquement ce temps de la séparation définitive, de la perte. Ces dimensions et perceptions vont évoluer et moduler de façon très significative, selon leur importance l'impact psychologique de la perte chez l'endeuillé. Qu'entendons-nous par la?

La prédominance de certains critères sur d'autres rendent le deuil plus ou moins difficile, compliqué et dans certains cas, bloqué (M. Iracane, la prise en charge du deuil et deuil bloqué dans Pratique de la psychothérapie EMDR, Dunod, 2017)

Poursuivons en prenant un exemple : Si le patient se présente en consultation avec une histoire de la disparition d'un proche, constitué des trois premiers critères, dans lesquels il y a une longue proximité physique avec le défunt : La découverte du cadavre par suicide et un fort sentiment de culpabilité, le deuil sera vécu de manière complexe.

A l'opposé, la présence de deux critères dans lesquels il y a mort naturel à un âge avancé associée à une vision spirituelle de la mort, n'a rien de comparable.

Il convient donc d'évaluer avec justesse ces critères avant tout accompagnement, thérapeutique dans la mesure où ils influencent ou facilitent le travail de deuil.

Pour accompagner un deuil difficile ou compliqué chez un patient, comment appliquer l'EMDR avec la connaissance que nous avons à présent de ces six critères ?

Ceux-ci représentant un précieux et considérable apport pour le travail du psychothérapeute.

Après un temps nécessaire à la stabilisation du patient, le travail peut commencer.

Un diagnostic très fin de l'histoire de la perte doit nous aider à établir les priorités à retraiter en évaluant, pour chaque situation de peine, de chagrin et de souffrance le sentiment de détresse éprouvé.

Il appartient au thérapeute de donner au patient le choix de ce qu'il souhaite affronter.

Le burn-out, un cumul de stress

Un burn-out, loin d'être un événement isolé, est souvent le résultat d'un cumul de stress constitué par d'autres événements lourds, pénibles, parfois traumatisants. Ces événements du passé, le patient ne les voient pas nécessairement comme des facteurs ayant des répercussions, des incidences sur son état de santé, sur la formation de son burn-out présent. Il ne prend pas conscience que ces événements contribuent largement avec ce qui lui arrive soudain dans son milieu de travail. Il se dit "épuisé" et rattache sa fatigue, son mal-être à son rythme de travail, à la pression professionnelle. En réalité, le salarié porte en lui un aggloméré d'épisodes stressants qui réclame de lui mécanismes de défenses inconscients et énergie psychique.

Avant de soigner un burn-out, il convient, pour le psychothérapeute EMDR, de faire le point sur les événements stressants précédents l'effondrement psychique et physique du patient. En effet, cette incapacité à gérer son stress n'est pas le fruit du hasard, et souvent des événements pénibles récents ont ouvert la voie de la crise en situation de travail.

A cet égard, l'exemple de notre salarié, semble particulièrement intéressant
Éric, âgé de trente-quatre ans, travaille en tant que commercial dans une grande banque. En arrêt maladie, il souffre depuis trois mois d'un épuisement professionnel caractérisé par divers symptômes: angoisses, maux de tête, vertiges, douleurs au plexus solaire, tremblements, faiblesse dans les membres inférieurs.

Le tableau clinique est impressionnant et montre l'impact du stress cumulé depuis douze années d'activité professionnelle associé, comme nous allons le voir, à six événements stressants et traumatisants.

Voici les événements précédents la crise du burn-out :

1. Le burn-out survient la veille d'un pot de départ à la retraite de son collègue, lors de la rédaction d'un texte en mémoire à un collègue, lecture à laquelle il n'était pas véritablement préparé ni à l'aise (début septembre 2014).
2. Une séparation amoureuse douloureuse sur la période de Noël (2014).
3. Un conflit familial autour de violences conjugales, dont il souffre en silence depuis son plus jeune âge et qui prend une grande intensité sur cette même période de Noël.

4. Le déclenchement d'un stress profond lors de l'anniversaire de son meilleur ami. Il se trouve dans l'incapacité à prendre la parole pour prononcer un discours devant son ami (juin 2015).
5. Victime d'une agression de nuit, par arme blanche (octobre 2015).
6. Lors d'une démarche pour faire partie d'un plan social, deux mois d'attente et d'impatience où il s'agissait de trouver un remplaçant sur son poste (fin septembre 2016).

On constate que ces épisodes s'inscrivent progressivement et dramatiquement dans le vécu émotionnel et psychique d'Éric pour former une "bulle" qui éclatera à l'occasion d'une journée épuisante au travail. C'est l'aboutissement d'un cumul de stress qui provoque alors l'effondrement. Pour le dire autrement: Le burn-out cristallise en lui une saturation d'informations émotionnelles négatives logées dans les neurones du salarié. Dans ce cas précis, le burn-out est multifactoriel. Il apparaît à ce moment précis où le sujet n'a plus les ressources nécessaires et suffisantes pour faire face à cette pression, ce noyau dur, composite ou chacun des éléments traumatisants n'a pas été traité par lui-même.

La psychothérapie EMDR va s'attacher précisément à retraiter la journée décisive du burn-out, sans oublier les situations conduisant et favorisant son éclosion. C'est cet aggloméré d'épisodes stressants qu'il s'agit de défaire. Les premiers résultats ont été très encourageants et prometteurs dans la mesure où les sensations d'oppression et de malaise disparaissent dès la première séance. Il a fallu huit séances de thérapie EMDR pour affiner le processus engagé et soulager le patient de ses symptômes.

Soigner le traumatisme du burn-out

Le burn-out est plus qu'un épuisement professionnel : il se présente, dans ses prolongements, comme un véritable traumatisme. En effet, le seul souvenir des situations de stress au travail plonge l'individu dans le désarroi, l'affliction, la déprime, la détresse. Un écran d'ordinateur, la sonnerie répétée d'un téléphone, la sensation douloureuse de se sentir enfermé et dans l'incapacité de fuir sont autant de signaux déclencheurs qui rappellent l'expérience traumatique de l'état de stress vécu au travail. Ceci est consécutif à des situations professionnelles où l'organisme, soumis à des contraintes, des exigences folles de l'entreprise, des agressions extérieures, finit par s'effondrer, dans l'incapacité à faire face. En effet, vient un jour où cette violence psychologique, exercée en permanence sur le salarié, aboutit à une surcharge de stress à laquelle il ne peut répondre. C'est le pic atteint par l'état de fatigue émotionnelle, mentale et physique. Le burn-out résulte d'une méconnaissance des limites du salarié dans ses efforts continus pour répondre aux objectifs et aux exigences de son entreprise.

La personne atteinte de burn-out reçoit le plus souvent un traitement d'antidépresseurs. Mais à côté de cette solution médicamenteuse, parfois nécessaires, il existe, pour se soigner, un traitement adapté, l'EMDR, qui permet de retraiter l'ensemble des situations difficiles, pénibles et impossibles.
Pour le thérapeute EMDR, il convient tout d'abord d'identifier ce "pic", moment critique où tout bascule vers le sentiment aigu de ne plus faire face, la perte de contrôle, la confusion. Il s'agit alors de la survenue du burn-out. Il convient de traiter ce moment, à l'aide des mouvements oculaires, en tant que cible prioritaire, point de non-retour de la relation du patient au travail. Pour mieux comprendre ce processus de chute vers l'épuisement professionnel, analysons des cas concrets.

Premier cas: *Celui d'une salariée soumise à de fortes pressions de sa hiérarchie pour assurer cent contacts téléphoniques par jour. Au terme de quatre années passées à ce rythme-là, un matin, alors qu'elle s'apprête à appeler un potentiel client, elle ressent de violentes contractions musculaires dans tout le corps : son corps lâche. Elle se trouve dans l'impossibilité physique de reprendre son activité. Le lendemain matin, elle ne peut se lever, dans l'incapacité de se préparer pour rejoindre son travail. Très vite, son médecin diagnostique un burn-out et lui administre des antidépresseurs.*

Dans ce premier cas, comment procéder ? Il s'agit de cibler et de traiter la séquence où le sujet décrochait son téléphone jusqu'au moment où les contractions musculaires sont apparues.
On pourrait intituler ce cas "burn-out classique" dans la mesure où il prend en compte un rythme de travail trop soutenu conduisant à l'épuisement professionnel.

Deuxième cas: *Âgée de trente-six ans, divorcée et mère de deux enfants de quatre et six ans, la patiente exerce le métier de chef de produit avec objectifs de résultats annuels. Dans son entreprise, elle anime une équipe de six personnes pour concevoir une gamme de produits, optimiser les ventes, suivre les résultats. C'est un rythme d'enfer qui ne lui laisse aucun répit et l'amène même à sauter quelques repas de midi. Habitant en banlieue parisienne, elle doit assurer, seule, la lourde responsabilité d'élever et d'éduquer ses enfants (tâches domestiques, école, achats et préparation des repas, maladies, etc.). Dans la soirée, Il faut compter aussi avec les appels au secours d'une mère dépressive, d'un ex-mari vindicatif. La surcharge de stress rend bientôt les choses impossibles à gérer. C'est le burn-out inévitable qui surgit au travail à partir d'une remise en cause, par son supérieur, de ses choix stratégiques.*

Qu'observons-nous ?

En parallèle avec une fatigue cumulée au travail, s'ajoutent de lourdes difficultés personnelles comme une séparation, la perte d'un proche, des violences conjugales, etc. La personne se trouve prise dans un étau qui ne lui laisse aucun répit. Elle porte en elle la somme des souffrances produites par sa vie personnelle et professionnelle, occasionnant ainsi l'effondrement psychique et physique. On pourrait parler ici de burn-out "complexe".

La thérapie EMDR va s'attaquer non pas à une cible ou situation critique, mais plusieurs, qui ont contribué, en s'accumulant les unes après les autres, à rompre, détruire l'équilibre de la patiente. Identifier et retraiter les expériences négatives et douloureuses jalonnant un itinéraire de vie personnel et professionnel jusqu'à l'apparition brutale du burn-out.

Chaque situation stressante et angoissante faisant l'objet, de la part du thérapeute, d'une attention toute particulière, afin de permettre un lâcher prise nécessaire à la reprise de sa vie.

Le plan de traitement défini par le psychothérapeute EMDR aura pour tâche d'opérer une désensibilisation, sur une ligne du temps, des différentes situations et événements pénibles de la patiente. Ceux-ci, cumulés, l'ont progressivement fragilisé pour la submerger soudain, au milieu d'une situation de travail. La salarié n'aura rien vu venir.

Pour conclure

Il faut considérer que derrière la réalité des rapports au travail, se cache une autre réalité, bien plus personnelle, qui rend le salarié extrêmement sensible et vulnérable aux atteintes extérieures. La pression d'une hiérarchie trop lourde peut s'apparenter pour lui à une mère castratrice ou un père maltraitant. L'accompagnement psychothérapeutique au burn-out doit s'attacher à donner la vraie signification de ces chocs émotionnels, souffrances psychiques et physiques qu'il convient de prendre en charge rapidement.

Une envie fréquente d'uriner, un cas d'état du moi divisé

Présentation clinique : Le patient, âgé de quarante ans, marié avec deux enfants souffre de l'envie fréquente d'uriner. Il fait l'objet, dans certaines circonstances de stress de rougissements difficilement maitrisables. Cette situation est prévalante essentiellement quand il se trouve dans son bureau, le phénomène est inexistant à son domicile. Ce besoin fréquent d'uriner se traduit, quand il se retrouve aux toilettes, en fait que par quelques gouttes. Cet élément nous conduit au diagnostic d'une problématique psychologique. Le patient vient consulter en psychothérapie EMDR afin de faire disparaître ses symptômes qui le handicapent dans sa vie professionnelle.

Un premier entretien révèle la présence d'un souvenir traumatique en lien direct avec la problématique Il a cinq ans quand son père, de nature autoritaire, le fait entrer dans le bureau de son supérieur. Il le présente à celui-ci et le fait asseoir. Alors qu'une longue conversation s'engage entre les deux adultes, l'enfant a une envie d'uriner. Il n'ose pas demander à son père et se retient jusqu'à la dernière limite acceptable par sa vessie. Ne pouvant plus se maîtriser, il "fait" sur lui, provoquant la réprobation du père. Nous choisissons de traiter précisément ce souvenir traumatique, lequel ouvre à de nombreux réseaux mnésiques. Ceux-ci concernent d'autres souvenirs traumatiques en lien avec ses parents, et son environnement social. Les séances succèdent aux séances pour voir apparaître au terme de deux mois, la disparition des symptômes de rougissement, mais l'envie fréquente d'uriner demeure. Nous pensons alors que le patient est véritablement "dissocié". L'adulte, notre patient, installé dans son bureau se trouve être en conflit permanent avec une autre partie de lui-même, un état du moi apeuré qui veille à ce que l'adulte ne reproduise pas l'expérience négative du passé, la "fuite" d'urine.

Le processus thérapeutique engagé va provoquer chez le patient une prise de conscience fondamentale, la nécessité de l'intégration de cet état du moi qui le condamne à se rendre tout le temps aux toilettes. Le patient retrouve une photo de lui qui date de la période du traumatisme. Au cours d'une séance, il nous fait part de cette découverte à laquelle il semble attacher de l'importance et une attention tout particulière. Il dit avoir parlé à cette photo: *«j'ai ressenti une certaine émotion à discuter avec cet enfant sur la photo. Beaucoup de tendresse. Comme si c'était un véritable enfant en chair et en os. Comme si il était un de mes fils».*

Par la communication engagée avec cet état du moi, un processus d'intégration prend effet que je renforce en séance par des mouvements oculaires et des indications verbales: « *rassurez ce petit enfant pétrifié par la peur. Dites qu'il n'a plus rien à craindre maintenant, que tout cela est bien fini.*

Dites-lui que la crainte de son père l'a empêché de demander l'autorisation d'aller aux toilettes. Qu'il n'a plus honte maintenant...etc. »
L'échange du patient avec la photo qui correspondait à la période de l'expérience traumatique et le renforcement effectué par le thérapeute ont fait disparaître dès le lendemain les envies fréquentes d'uriner dans le cadre du bureau. La guérison survient lorsque le conflit n'existe plus entre l'Adulte et la partie émotionnelle de lui-même en proie à la terreur de rejouer le scénario du "pipi" impossible.

Le travail avec l'EMDR a permis au patient d'identifier cet état du moi, encore présent dans son souvenir, qui représentait une véritable menace pour sa dignité, sa légitimité, son statut social.
Cette menace permanente le pétrifiait insidieusement au bureau dans une attitude d'insensibilité préjudiciable aux liens et aux relations sociales. La timidité prend le pas sur la conduite extravertie, le contact chaleureux, la confiance en l'autre. D'autres expériences négatives retraitées par l'EMDR ont montré l'ampleur des souffrances souvent muettes du patient au cours de sa vie. Cette expérience difficile d'une demande impossible à formuler (*papa, j'ai envie de faire pipi*!) ressemble au comportement d'un animal qui fuit ou se terre pour ne pas être repéré par un rapace.
Il faut espérer que l'intégration pacifiée de cet état du moi ouvre de nouvelles perspectives émotionnelles au patient.

Un traumatisme sportif

Je souhaite montrer dans ce court texte la capacité que possède la thérapie EMDR pour soigner efficacement les traumatismes et les séquelles psychologiques laissés par une défaillance, un échec sportif. C'est le cas d'un patient, pratiquant l'escalade et qui s'est trouvé dans une situation de danger mortel. En effet, alors qu'il était maintenu en cordée par son collègue quinze mètres plus bas, les choses ont mal tourné. Le sportif a manqué son accrochage au mur d'escalade. Distrait, son collègue avait laissé trop de " mou " à la corde, le patient a chuté jusqu'à se retrouver, ni extremis à un mètre du sol, suspendu. Il échappe donc à un accident mortel dont il ne se relèvera pas si facilement.

La peur de remonter faire de l'escalade s'est installée durablement, chaque tentative n'aboutit à rien ; il lui est impossible de reprendre l'escalade.
Pour un grand sportif, rien n'est plus désespérant que de s'avouer vaincu par l'angoisse, la peur. Il déprime et ne sait quoi faire jusqu'à ce qu'il entende parler des réussites de l'EMDR.
Il vient alors consulter pour régler ce problème ou deux séances ont suffi pour le résoudre.

Après avoir ciblé le moment du décrochage du mur d'escalade de la chute vertigineuse, nous pratiquons les mouvements oculaires pour retraiter le trauma. Rapidement, après l'apparition de la peur sur le visage du patient, apparait un sourire qui manifeste la confiance revenue. Il dit à ce moment, *« je me sens mieux, moins stressé pour retenter l'escalade ».* Fin de séance EMDR.

Une quinzaine de jours plus tard, le patient me donne quelques nouvelles.

Il a repris l'escalade avec succès.

8

Autour de l'EMDR

La honte

La division des personnes est souvent basée sur l'Intégration échoué entre des défenses relativement distinctes telles que la fuite, le combat, la sidération, la soumission. D'autres personnes peuvent contenir des expériences affectives intolérables telles que la honte ou la solitude intense.

Histoire du patient:

Dans une classe, un enfant de six ans lève le doigt pour aller aux toilettes, refus de sa maîtresse. Un moment plus tard, il réclame encore d'y aller. Petit à petit, l'enfant ne se retient plus et "fait sur lui". Dans la classe, l'odeur devient vite insupportable et il est désigné comme responsable du fait, sous les rires de ses camarades, montré du doigt. S'en étant rendu compte, l'institutrice, s'adresse à l'enfant en lui disant *« alors tu ne pouvais pas te retenir et attendre l'heure de la récréation! »*.

Dans son développant futur, l'enfant va contenir au plus profond de lui une expérience affective intolérable: celle de la honte. Tout ce qui va toucher de près ou de loin à cette expérience traumatique de la honte plongera l'enfant, et plus tard l'adulte, dans un état d'angoisse auquel il lui sera difficile d'échapper. Si par exemple, le patient entend dire de lui qu'il est "sale", ce simple mot prend une résonance particulière, morbide, en lien avec l'expérience ancienne du "sale dégoulinant" en lui. Image de soi souvent inconsciente, malsaine, avilie, aux relents nauséabonds.
En cause, un mot, juste un mot, un sentiment de honte refait surface dans ses aspects négatifs, morbides, et dans les jours qui suivent l'audition du mot "sale" apparaissent conduites d'évitement, inhibition, repli sur soi, sentiment d'isolement social, état dépressif.
Dans ces moments de perturbation ou la honte surgit, la personnalité du patient se trouve alors dissocié. Une partie de lui-même est enfermée émotionnellement dans l'expérience traumatique de la honte, de l'autre il assure en tant qu'Adulte le bon fonctionnement de la vie quotidienne.

La question qui se pose pour le thérapeute, c'est comment concilier deux parties qui, dans certaines circonstances, s'opposent, circonstances dans lesquelles la menace de la honte s'annonce comme probable ? Devant la forte pression du sentiment de honte, dont la source est souvent inconsciente, le patient tient à faire barrage, maintenir un moi adapté, stabilisateur pour faire face à toutes émotions perturbatrices. De cette tension entre deux parties en soi, une partie émotionnelle en lien avec le passé traumatique et une autre plus adulte, socialement adaptée, des réticences à certaines situations, des comportements, se manifestent alors pour éviter toutes perturbations de la vie sociale. Par exemple, le patient prend toutes les précautions pour aller aux toilettes avant de sortir de chez lui ou encore prend toutes les mesures pour ne pas se retrouver coincé longtemps dans un espace clos, situation qui l'obligerait à retenir ses selles...etc.

A côté des comportements, l'angoisse joue aussi son rôle de révélateur d'une menace dont le patient ignore l'origine. Crainte d'humiliation, d'abaissement de soi, d'indignité qui se profile insidieusement, et écarte toutes perceptions rationnelles des événements rencontrés.

Pour le thérapeute et le sujet, identifier la partie émotionnelle qui trouble l'adulte dans son fonctionnement sain, normal, semble une des tâches fondamentales.

Le besoin de compensation

Au terme d'une psychothérapie, il arrive parfois que la patiente réclame une "compensation" en lien avec les "souffrances subies", infligées à celle-ci.

Deux définitions du Larousse nous indiquent que la compensation est " Un avantage qui compense un inconvénient, un mal, un préjudice, un dommage" "Action de compenser un sentiment de manque"

Comment expliquer et rendre compte de cette soudaine exigence de réparation ?

Désir de compensation exprimé avec véhémence, rage par le patient et dont l'intensité surprend toujours le soignant. Au sortir de la souffrance, il s'agit d'obtenir quelque chose, une sorte d'indemnisation pour les maltraitances ou violences subies. Un fort sentiment d'injustice au regard de la société toute entière qui reste toujours présent pour la personne meurtrie à jamais. Comment apaiser cette fureur qui pourrait amener la patiente à des comportements, attitudes et actes excessifs.

Cas clinique

Agée de soixante ans, la patiente consulte depuis vingt mois en psychothérapie EMDR afin de soigner une dépression chronique. Les résultats acquis ont été bénéfiques et, plus encore spectaculaires dans la mesure où elle portait en elle, depuis la petite enfance, un fort sentiment d'abandon de la part de sa mère. Confiée à plusieurs familles d'accueil, elle a subi de nombreuses maltraitantes physiques et psychologiques. Idées suicidaires, crises de désespoir, prostration ont jalonné son existence depuis de nombreuses années.
La thérapie proposée l'a progressivement fait sortir de la tristesse et de la dépression. Les symptômes les plus prégnants tels que la morosité, l'incapacité à éprouver du plaisir, l'imprégnation négative de la perception du présent, le manque d'intérêt pour le monde et les autres ont disparus pour laisser place au désir de vivre pleinement le présent.

Lors des dernières séances, les paroles de la patiente expriment, sans réserve, et avec colère, un désir de compensation qui soit à la hauteur des rejets, des maltraitantes, des états de désespoir, de ces longues journées de solitude et de détresse. *« Je veux qu'on me rende justice! »* répète avec force la patiente. Comment expliquer cette volonté soudaine de recevoir une compensation pour rétablir l'équilibre de sa vie psychique et émotionnelle, retrouver la dignité, la reconnaissance, l'amour.
Â ce niveau le soignant peut-il répondre à l'exigence de son patient et garantir que son besoin soit satisfait ? Qui répare et surtout comment réparer ?

Parfois le cerveau mets en place des stratégies psychiques afin de traverser les épreuves difficiles, douloureuses de la vie, la résilience. Face au sentiment d'injustice, au tumulte émotionnel, à l'obscurité, comment tenir et accepter le manque ou la frustration ressentie? Il faut bien alors considérer que la personne cherche à trouver (et souvent de manière inconsciente) ce que l'on peut nommer des" lots de consolation". Le ou la victime de maltraitance développe des ressources insoupçonnées et mène maigre tentative de compensation rendant plus supportable le manque. Le sentiment d'abandon par la mère en est un parfait exemple car il subsiste malgré les progrès de la thérapie. Ainsi, pour notre patiente, la proximité d'un chat, la rencontre régulière d'un commerçant de quartier, l'adhésion à une association confessionnelle, apparaissent ici comme autant de lots de consolation faisant baisser la charge émotionnelle du sentiment d'abandon.

Tous ces rapprochements, côtoiements fonctionnent alors comme des situations de réconforts l'aidant à surmonter la frustration originelle. Des substituts d'amour maternels qui offrent

temporairement du réconfort et de la chaleur humaine. Il faut ajouter que la rupture de ces timides liens s'avère catastrophique pour la patiente car toutes séparations avec ces substituts d'amour provoquent sans tarder le déclenchement d'un nouvel épisode dépressif. En définitive, ces rapports et contacts avec l'environnement immédiat, sur investis marque en réalité la profondeur de la perte. Dans un état dépressif continu, l'enfermement en soi par la maladie, un profond abattement n'ouvrent aucune fenêtre sur le monde, il s'agit seulement de survivre à soi-même. Et le thérapeute remplit un rôle majeur, celui d'offrir à la personne dont il a la charge, une écoute de qualité. Par celle-ci, accéder à la fenêtre ouvrant sur le monde, la possibilité d'une rencontre, d'une réconciliation avec la société, un lien à établir avec son environnement, la nature, un animal.
Au mieux, en thérapie, il convient de faire passer l'idée au patient qui rien ni personne ne peut rendre un équivalent à ce qui a été perdu.

Qui doit payer pour les souffrances subies par la patiente dont les paroles ne cessent d'en réclamer justice ? Même si le thérapeute, au fil des consultations, reconnaît le droit à la reconnaissance des dommages perpétrés à la victime, cela n'est pas suffisant.
Quelque chose ici, malgré les progrès thérapeutiques réalisés, vient à manquer. La proche guérison de la dépression liée aux violences du passé ouvre bien à une sorte de " bilan psychique " ou l'actif représente peu de chose par rapport au passif. La prise de conscience de ce décalage entre les années de souffrances infligées, de douleurs, de longues crises dépressives et les bénéfices timides de la "résurrection" rend la patiente demandeuse d'une compensation à la hauteur du préjudice.
En fait, cette demande de compensation est en même temps le signe même de la probabilité d'une guérison. Car seul le rétablissement de la santé psychique permet la revendication. *« Maintenant que j'accède à toute ma conscience pleine et entière j'existe et je m'affirme en tant que personne désirante d'un équivalent compensatoire aux souffrances vécues, à l'isolement, au désastre quotidien »* dirait en substance la patiente.

En séance, cette exigence s'articulant souvent avec rage, ressemble à un cri, il faut alors convenir que, seule, la réception inconditionnelle, par le thérapeute, d'un bien compensatoire (dans les limites de la morale et de l'éthique) fixé par la patiente permettrait d'apaiser cette soif de justice. Qu'importe la nature de ce qui lui est du. La patiente saura juger en temps et en heure que la réciprocité est effective, c'est à dire que la valeur de la compensation octroyée s'accorde enfin à la valeur des dommages. Malgré tout, il faut ajouter que la patiente renâcle à lâcher prise sur cette question. Le besoin de compensation émerge sans relâche. Qui doit régler cette dette à la victime, ce temps de la soumission et du sacrifice, afin de rendre possible, un apaisement de la douleur? Et

sous quelle forme, cette dette doit-elle advenir ? De ces longues nuits blanches, de cette tristesse qui n'en finit pas de l'écraser, de cette enfance sauvage, de ces négligences parentales, qui est responsable? Le désir de compensation oublie tous raisonnements et objectivité. Au fil des années, quand la revendication par les mots s'épuise, le corps souffrant prend le relais.
L'interrogation demeure, Qui ? La société, cette entité abstraite ? Une personne ou des personnes en particuliers ? Ne sont pas déjà au seuil de leur vie ? Ont-ils conscience de ce qu'ils ont fait subir aux enfants dont ils avaient la charge ? Questions sans réponse peut être.

Mais au-delà de trouver un ou des coupables au désespoir, à la dépression, un tumulte intérieur persiste et progresse. Celui-ci est de très bon augure. Il affirme enfin une parole de révolte, de lutte. La parole du révolté surgit de manière répétée en cours de la thérapie, un besoin de réparation qui inaugure sans conteste un désir à vivre.

Bénéfices secondaires en EMDR

Guérir les symptômes liés à un ou des traumatismes peut produire chez un(e) patient(e) des effets positifs (bénéfices secondaires) dont nous souhaitons en dégager quelques éléments de compréhension. Ce qui vient soudainement se libérer dans un état de stress post traumatique, au-delà du noyau central "souffrant" pour lequel le patient vient consulter, ne manquera pas de produire, autour de ce noyau, des cercles concentriques, comme le ferait une pièce de monnaie lancée horizontalement à l'eau. De même qu'un dommage, accident psychique ou physique risque de conduire à des "dommages collatéraux" (dépression, phobie, tristesse), une guérison va entrainer des bénéfices collatéraux.

Analysons ce processus avec l'appui de la clinique: après huit séances de psychothérapie EMDR sur des problématiques affectives, amoureuses, et relationnelles ; une patiente nous fait part d'une réflexion étonnante: Sa consommation de cigarettes a baissé considérablement.
Examinons le cas précisément de notre patiente âgée de quarante-deux ans.
Les différentes cibles et traitements portent successivement sur:

- Le sentiment d'abandon éprouvé à la suite de l'annonce que son mari, après dix ans de vie commune et deux enfants, la quittée pour une autre.
- La relation conflictuelle avec son père qui n'a cessé de la dévaloriser.

- Un cancer au traitement lourd, contraignant et épuisant dont elle est à présent guérie.
- Une relation amoureuse épisodique, dans laquelle elle s'est fortement investie, mais qui n'a pas répondue à ses attentes
- La réalisation de projets professionnels rendus impossible par le chantage affectif du mari: « *Tu choisis, c'est moi ou tes projets* ! ».

La théorie des États du Moi (E. Berne) ou la structure de la personnalité se compose de l'Enfant, de l'Adulte et du Parent nous a été d'un grand secours pour comprendre la position du sujet.
En effet, l'ensemble des éléments recueillis par les séances EMDR a identifié une personnalité Adulte largement contaminé par un Enfant dont les besoins n'ont pas été satisfaits.
A la lecture et au retraitement des situations ciblées, que ressort de cette analyse du patient?
La peur d'être abandonnée, de perdre l'amour de l'autre, d'être prête à tout pour apporter le bonheur aux autres, conduit la patiente à prendre conscience de sa dépendance affective. Le cancer étant la conséquence du départ de son mari pour une autre. En travaillant sur la nature de ses relations avec les autres,   la patiente a bien perçu le lien pathologique, qui parfois, la conduisait à des désastres relationnels, donnant tout pouvoir, pour se sentir aimé par ceux qui l'entourent.
Soigner sa dépendance affective va provoquer chez la patienter et par contagion psychologique la levée, d'une autre dépendance, celle du tabac. Le bénéfice secondaire de la thérapie est bien présent, par l'effet psychologique de la guérison de la dépendance affective inscrite dans les situations traumatiques. Se guérir de ce qui nous retient pathologiquement aux autres, touche aussi favorablement à d'autres dépendances, comme nous venons de le voir.

Les carences affectives

On identifie trop souvent les carences affectives à la petite enfance. Il faut bien comprendre que celles-ci n'ont pas d'âge. Manquer de caresses, de câlins, d'amour peut se produire à une période de la vie où la fille, par exemple à besoin de se confier à sa mère. Cet âge se situe entre la pré-puberté et l'adolescence.

Étudions le cas de Chloé, 30 ans, qui vient consulter en EMDR afin d'analyser le mal-être qui la ronge. Notre premier entretien révèle un symptôme récurrent : des pleurs qui surgissent à intervalles réguliers quand elle se retrouve seule chez elle.

L'anamnèse nous apprend que sa mère a quitté le domicile conjugal lorsqu'elle avait neuf ans.

Elle ne reviendra que dix années plus tard. C'est à dire que Chloé a traversé toute la période de neuf à dix-neuf ans sans la présence de sa mère à ses côtés.

Si l'on considère que le premier objet d'amour pour l'enfant, reste la mère, à un âge critique, à qui parler ? Vers qui se tourner pour raconter ses malheurs et ses ravissements à l'école ? Ses interrogations sur ses premières règles ? L'éveil de sa sexualité ? Ses doutes sur l'avenir ? Ses rencontres amoureuses ?...etc.

La carence affective s'installe et produira plus tard, dans la vie adulte la phobie de l'abandon, avec ses symptômes d'angoisse, de perte de confiance en soi, d'instabilité émotionnelle et affective.

En ce qui concerne Chloé, la carence affective, loin d'être « rattrapée » par la mère à son retour (par une proximité plus grande, une attention, une écoute) va se creuser par un détachement, une neutralité ou par une injonction du type « sois forte ma fille ! ».

Selon les diverses personnalités (les hypersensibles, les demandeuses de conseils, d'avis pour des choix à faire ou des décisions à prendre), ce genre de discours n'est pas adapté. Il est même nocif.

Bien que le père ait remplacé la mère absente pendant quelque temps, Chloé « sait » que cette femme - « SA » mère - n'est pas là. C'est à cette seule mère, dont le visage lui manque tant, qu'elle veut accorder, avouer le moindre de ses ressentis, de ses états d'âme.

On peut imaginer que certaines mères, au regard de leur propre histoire, soient dans l'impossibilité de montrer de la chaleur, de la tendresse envers l'enfant mis au monde, mais aujourd'hui nombres d'informations (médias) circulent sur les besoins fondamentaux de l'enfant. Alors comment comprendre cette retenue d'affects, cette réserve de la mère ?

La capacité de compréhension de ce qui se joue pour l'enfant est le secret d'un véritable dialogue, d'un authentique lien d'affection, d'amour entre une mère et sa fille, une mère et son fils.

Comment sortir de cette souffrance, de ce ravage, sinon en trouvant une mère de substitution : une grand-mère, un homme âgé, une amie, une représentation morale, esthétique ?

La carence affective est indissociablement associée au sentiment d'abandon, solitude, d'insécurité et de mauvaise estime de soi. C'est donc sur le terrain de ces émotions et fragilités que le psychothérapeute EMDR doit travailler avec son patient afin de le rendre plus présent à lui-même.

Conclusion

Nous avons tenté, à travers l'ensemble de ces analyses, de ces textes, de proposer une idée forte simple : celle d'un élargissement de l'EMDR à de nombreuses pathologies.

En effet, les recherches actuelles sont en cours qui permettent d'expérimenter et de valider diverses applications de cette psychothérapie, qui reste aujourd'hui l'une des plus efficaces.

Nous pensons que cet ouvrage, par la diversité des sujets et des thématiques abordés, contribuera à faciliter de nouvelles approches thérapeutiques.

Bibliographie

BERNE, E. (2001). Analyse transactionnelle et psychothérapie. Paris, Petite bibliothèque Payot

BERNE, E (2012). Présentation intuition et états du moi, Paris, Intereditions

LA BIBLE, (Genèse, 1.2). Editions Gallia

CRAIG, G (2016). L'Emotional Freedom Techniques. Paris, J'ai lu

FREUD. A (1936). Le moi et les mécanismes de défense, Presse universitaire de France

IRACANE.M (2017). Pratique de la psychothérapie EMDR, Paris, dunod.

G. MEUNIER (2016). Site institut français d'EMDR France

NICON, L. (2017). TIPI : Technique d'identification sensorielle des peurs inconscientes, Montpellier, Emotion Forte

PACE, P. (2014). Pratiquer l'ICV : l'intégration du Cycle de la Vie. Paris, dunod.

PRAGER-SECHAUD, S. (2015). Mémoire de naissance. Paris, Dangles

RILKE, R-M (1993). Lettre à un jeune poète, Paris, Poésie/Gallimard

SALMONA.M (2020) Mémoire traumatique, dans psycho-traumatologie, dunod.

SHAPIRO, F. (2005). Des yeux pour guérir. Paris, Editions du seuil

SHAPIRO, F. (2007). Manuel d'EMDR. Paris, Intereditions

SHAPIRO, F. (2014). Dépasser le passé. Se libérer des souvenirs traumatisants avec l'EMDR. Paris, Éditions du Seuil

VAN DER HART, O (2014). Dissociation de la personnalité et thérapie EMDR dans les troubles complexes liés au trauma. Département de psychologie clinique et de la santé, Université d'Utrecht

WINNICOTT.D (1957). L'enfant et sa famille, Paris, Petite Bibliothèque Payot.

Jeffrey E. Young (2005). La thérapie des schémas. Belgique, De Boeck.

Printed by Books on Demand GmbH, Norderstedt / Germany